里斯托弗·拉塞尔斯 著　　胡毅秉 译

极简

A Short History of The World

世界史

版贸核渝字（2016）第132号

图书在版编目（CIP）数据

国史. 003, 极简世界史 / (英) 克里斯托弗·拉塞
尔斯著；胡毅秉译. -- 北京：台海出版社, 2017.9
　　ISBN 978-7-5168-1546-5

Ⅰ.①国… Ⅱ.①克… ②胡… Ⅲ.①世界史 – 通俗
读物 Ⅳ.①K109

中国版本图书馆CIP数据核字(2017)第212738号

国史 003：极简世界史

著　　者：【英】克里斯托弗·拉塞尔斯		译　　者：胡毅秉	

责任编辑：王　萍　贾凤华　　　　　　　　策划制作：指文文化
装帧设计：杨静思　　　　　　　　　　　　责任印制：蔡　旭

出版发行：台海出版社
地　　址：北京市东城区景山东街20号　　　　邮政编码：100009
电　　话：010－64041652（发行，邮购）
传　　真：010－84045799（总编室）
网　　址：www.taimeng.org.cn/thcbs/default.htm
E－mail：thcbs@126.com

经　　销：全国各地新华书店
印　　刷：重庆共创印务有限公司
本书如有破损、缺页、装订错误，请与本社联系调换

开　　本：787mm×1092mm　　　　　1/16
字　　数：190千字　　　　　　　　　印　　张：14
版　　次：2017年9月第1版　　　　　　印　　次：2017年9月第1次印刷
书　　号：ISBN 978-7-5168-1546-5

定　　价：59.80元

永远像个孩子一样不知道你出生之前的事情，是愚昧的。

——罗马演说家 马库斯·图利阿·西塞罗

谁控制了过去，谁就控制了未来；谁控制了现在，谁就控制了过去。

——乔治·奥威尔《一九八四》

历史往往像屠宰场一样给人以启示。

——爱尔兰诗人 谢默斯·希尼

目录／CONTENTS

地图／MAP

前言

学校里的历史课通常采用不连贯的片段式教学方式，导致学生可能一辈子都没有理解历史的各个部分是如何与整体相连的。我们学到了关于伦敦大火、克里斯托弗·哥伦布（Christopher Columbus）和第二次世界大战的知识，但是很少有人教我们将这些知识融会贯通。

记得小时候，我曾狠下决心再也不学历史，因为我被糟糕的教学方式和一大堆我永远不可能记住的日期恶心坏了。同样令我恼火的是，我对课本上的各种地点毫无概念。拿破仑也许确实在滑铁卢吃了败仗，可是滑铁卢这鬼地方到底在哪儿？

那些希望自己对世界史有更好的、通盘了解的人往往发现自己要在少得可怜的时间里咀嚼太多的信息。所以说，并不是每个人都有时间或者毅力认真阅读长篇历史著作的。

本书是解决所有这些问题的工具。它的目标是给读者简明扼要而又面面俱到地概述人类历史上的关键运动和事件，我希望它的叙述方式能发人深省而又不失趣味。书中包含了34幅不同的地图，读者应该可以通过它们在脑中勾画出事件的发生地点以及它们的相互关联。

我并不打算提出新的见解或发掘新的史实，有许多历史学家远比我有资格做这些事。我只想把公认的主流观点浓缩在一段简化的直线式叙事中。虽然每一个国家、每一位重要人物、每一场运动和每一个发现都值得单独著书立传——如果不是写成一整个书库的话——但是我特意将本书写得尽量简短，以使其中的信息能轻松地为最广大的人群所消化。

我希望它能得到读者喜爱并起到填漏补缺的作用。

Christopher Lascelles

克里斯托弗·拉塞尔斯

史前
时代

创世大爆炸 – 公元前 3500 年

第一章

万物之始

科学界已经达成共识，我们所居住的宇宙是在 137 亿年前一次开天辟地的大爆炸之后横空出世的。因这场创世大爆炸喷涌而出的大量物质与能量在静电力的牵引下，历经数十亿年聚集演化，形成了一个个彗星、恒星和行星，其中就包括我们居住的地球。

星系之间的距离远得超乎想象。地球是一个被我们称为"银河系"的星系中一颗小小的行星。没有人知道银河系中究竟有多少恒星，但据估算应该有 1000 亿到 4000 亿颗。不仅如此，在已知的宇宙中，至少还有 1000 亿个星系。如此看来，恒星的数量实在是太多太多，而且考虑到两颗恒星之间的平均距离约为 48 兆千米，宇宙空间之大更是难以想象。

大约在 45 亿年前，一些气态、固态和其他形态的物质聚集在一起，形成了名为地球的行星。科学家认为，在此几亿年以后，有一个巨大的天体（甚至可能是另一颗行星）与地球发生剧烈碰撞，飞溅而出的物质多到足以形成一颗卫星，于是产生了我们所熟知的月亮。经过这场真正称得上惊天动地的事件，地球花了数百万年时间才冷却下来。

一场流星雨可能以冰的形式为地球带来了水。随着行星地壳的冷却，火山喷发出的水蒸气在新形成的大气层中冷凝，然后以降雨的形式回到地面汇聚成海洋，不再被行星的炽热表面蒸发一空。于是，生命之源得以在地球上延续。

生命

大约在 35 亿年前，由复杂的有机物分子组成的单细胞微生物在这些新形成的海洋深处诞生，此时陆地仍然是火山肆虐的生命禁区。在长达 30 亿年的时间里，这些微生物一直是这个行星上最高级的生命形式，但是突然（相对而言），在短短数百万年时间里，海洋中的微生物学会了利用二氧化碳、水和阳光生产氧气。在这一生产过程的帮助下，海洋中的单细胞生物开始聚集成团，形成多细胞生物，继而进化为动物。

这些动物开始繁殖和演化，当大气层中的氧气足以抵挡太阳的辐射之时，它们终于爬上了陆地。在此后的数亿年里，两栖动物、昆虫、爬行动物、哺乳动物和鸟类（大致按照这个顺序）陆续出现在陆地上。以上这些叙述至少是大众普遍认同的地球历史，不过神创论者却在嘲笑这一理论，认为青蛙无论花多长时间也不可能变成人。

生命诞生以后，曾以许许多多不同的形式存在，其中大多数是我们永远也无法了解的，因为地质学家发现，在我们这颗行星的历史上，至少发生过5次突然而广泛的生物大灭绝。我们不知道究竟是什么导致了这些灭绝，科学家猜测的原因包括流星撞击、太阳耀斑爆发和火山大喷发，它们都有可能引发突如其来的全球变暖、全球变冷、海平面变化或疫病流行，给这颗行星上的生物带来灭顶之灾。

迄今为止规模最大的两次灭绝是二叠纪大灭绝和白垩纪－第三纪灭绝事件[①]。在25000万年前的二叠纪大灭绝中，大气层中的含氧量急剧下降，毁灭了当时地球上多达96%的物种。6500万年前的白垩纪－第三纪灭绝事件则使已经称霸地球近15000万年的恐龙绝种。

这些事实有助于我们客观看待自第一个严格意义上的人类文明出现以来的6000到7000年光阴。若将我们这个物种生存的时间与我们的星球存在的时间相比，不难想象，人类也可能由于上文提到的任何一个原因或者其他原因而灭绝——而且这个时间可能比我们料想的要早得多。

---

① 这两次事件时期又被称为地质时期。

人类的诞生以及对地球的开拓

　　根据掌握的极少数证据[1]，科学家们普遍认为猿猴类的灵长目动物最早是约2000万到3000万年前出现在东非森林中的。它们的天然栖息地可能因气候变化而被毁，迫使它们离开丛林进入广阔的无树大草原，并在那里进化出站立的能力以便时刻提防食肉动物。用两条腿站立行走的优势使它们得以腾出双手用来携带食物和幼仔，而这将在它们成功的进化过程中起到相当重要的作用。

　　250万年前，这些灵长目动物中的一个种类开始使用工具，这有与他们的遗骸一同被发现的材料为证。科学家因此将这一物种命名为 Homo Habilis（能人），并公认它是现代人类的第一个直系祖先。Homo Ergaster（匠人）、Homo Erectus（直立人）、Homo Heidelbergensis（海德堡人）和更为大众熟知的 Homo Neanderthalensis（尼安德特人）都是科学家为了描述和命名我们的原始人近亲的化石而使用的人科生物学名，这些生物据信生活在能人和我们的时代之间，每一个物种随着时间推移都进化出了比前者更大的脑容量。

　　迄今为止发现的遗骸化石表明，距今100万年前，我们第一个真正直立行走的祖先——直立人从东非向外迁徙，散布到了世界各地[2]。对于其此后的发展，科学家们分为两派：一派主张多地区进化论，认为人类从此在他们安家的各片地区分别进化；另一派的观点则得到了更广泛的认同，他们认为 Homo Sapiens（智人）在大约6万到8万年前开始了又一次大规模迁徙[3]，并且很可能沿着和上次迁徙相同的路线走出非洲，逐步取代了其他所有人科生物。"走出非洲"理论的假设是以遗传学研究为基础的，这一研究通过比较当今世界各地居民的基因差异，将我们的起源追溯到了一位共同的非洲祖先。

---

①我们掌握的人类进化证据寥寥无几，其核心是在世界不同地方发现的为数极少的头骨和其他骨骼碎片。
②这被称为"走出非洲"理论。
③在这两次迁徙之间完全可能发生过其他迁徙。

虽然智人和尼安德特人起源于世界的不同角落①，但他们最终还是发生了接触。关于这两个物种相互之间的关系达到了什么程度，他们是否发生过杂交②，至今仍有很多争论。无论如何，一些证据有力地证明尼安德特人学会了合伙狩猎、使用工具与火、说话，乃至埋葬死去的同类。取火这一技能非常重要，因为它使得原始人能够烹饪食物，使其更易于消化，从而增加他们所能利用的食物来源。这将对人类的进化起到相当大的推动作用。

从大约公元前 3 万年起，尼安德特人的踪迹除了少数例外，其余都消失了，而智人的生存迹象却快速增加。这可能是多种不同的因素造成的：包括智人在竞争中挤垮或屠杀了尼安德特人，出现了一种尼安德特人无法免疫的疾病，尼安德特人遇到了他们无法适应的气候变化，或者是各种其他原因。由于缺少确凿的证据，我们对此只能作猜测。但我们可以肯定的是，大致从这一时间开始，智人占据了绝对的统治地位，因为迄今为止发现的其他人科生物化石没有一种的年代是在公元前 3 万年以后的（误差数千年）。

目前我们尚不知道人类迁徙的原因是资源竞争、气候变化，还是仅仅出于探索的欲望。无论原因是什么，学界公认的观点是：智人在大约 5 万年前到达澳大利亚，最晚在公元前 15000 年左右通过如今的白令海峡③（当时它不是干涸就是封冻了）进入现今的阿拉斯加。在此后短短几千年内，他们就到达了南美洲的最南端，至此除了太平洋上的少数岛屿，世界的绝大部分都已成为人类生长繁衍的家园。从那时起，尽管维京人曾在公元 1000 年左右短暂到访，美洲的生物还是将在与世界其他地区完全隔绝的情况下发展，直到欧洲人从 1492 年起对那里殖民为止。

---

① 尼安德特人起源于欧洲，而智人起源于非洲。

② 智人与尼安德特人有 99.5% 的 DNA 是相同的。

③ 在地球历史上，漫长的冰河时代曾多次降临和终止。白令海峡可能在最近一次冰河时代临结束前的公元前 12000 年左右封冻，使人类得以在两片大陆之间来往。

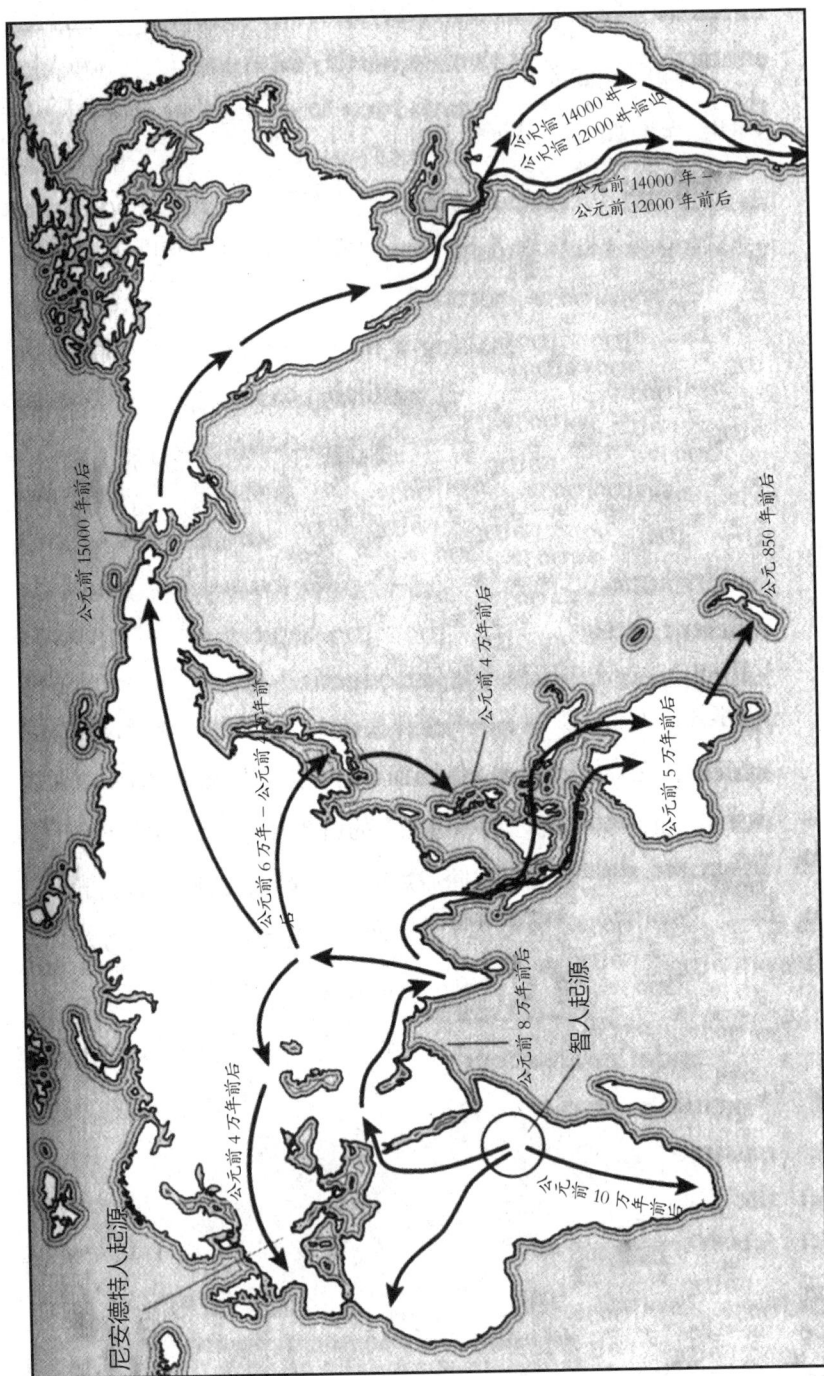

公元前 14000 年—
公元前 12000 年前后

公元前 14000 年
公元前 12000 年前后

公元前 15000 年前后

公元前 850 年前后

公元前 4 万年前后

公元前 5 万年前后

公元前 6 万年—公元前 4 万年前后

公元前 8 万年前后

智人起源

公元前 4 万年前后

尼安德特人起源

公元前 10 万年前后

〈 智人的迁徙

从狩猎采集到农业种植

　　人类最初过的是居无定所的"猎人－采集者"生活，游荡于不同地区之间，捕杀各种动物并以他们能找到的任何可消化的植物充饥，例如花草、坚果、浆果和水果。后来，人类开始每年重返几片特别富饶的地方。大约1万年前，人类似乎找到了种植作物的方法，这一发现使他们从狩猎－采集转向农业种植。这对日后的人类社会发展有着极为重大的意义，我们将它称为"新石器时代革命"①。

　　一旦人类过上聚居生活，交流的增加就促成了更多的合作和知识交换。但是更充裕的食物才是人类发展的基础：食物增加导致人口增加，而人口增加又造成了更多聚居地。生产和存储食物的能力也意味着社会终于能够供养一些不生产食物的专业人士，例如工匠、祭司、官僚、军人以及政治领袖。

　　农作物通过产出纱线给穿衣问题的解决帮了大忙，而逐步被人类驯化的羊、牛、猪等动物的毛皮也为人类提供了不少衣着原料。这些动物还以其他方式帮助了人类：它们的粪便有助于提高农作物产量，它们本身还能拉犁翻土，从而使更多土地变得适于耕作。

　　良性的生产循环就此建立，但是在永久居所中群居也有负面效应：它意味着人类要在自己产生的垃圾和排泄物附近生活。在人类既不懂得清洁的益处又不了解病菌的存在的时代，这显然无益于保持卫生。居住在离家畜不远的地方又意味着在动物身上滋生而人类对其并无免疫力的疾病此时有了感染人类的可能。我们确信，千百年来曾令无数人命丧黄泉的恶疾——天花、流感、肺结核、疟疾、麻疹、鼠疫、霍乱和艾滋病——都是最初在动物身上演化而成，然后通

---

　　① 新石器意味着"新石器时代"。

过跳蚤或其他媒介传染给人的。

让我们暂时把目光投向后世，14 世纪的黑死病、哥伦布时代的美洲土著人大灭绝、1918 年据说杀死了大约 2000 万人的流感，以及肆虐千百年的其他瘟疫，可能都是以这种方式发源的。21 世纪也不例外，猪流感和禽流感就是大自然在以令人不快的方式提醒我们，被我们在狭小空间中以不人道方式饲养的动物仍有可能反咬我们一口（绝无双关意味）。

古典
时代

公元前 3500 年 – 公元 500 年

第二章

最早的文明

目前我们发现的复杂的人类社会的最初证据来自公元前 3500 年前后的美索不达米亚①（位于今天的伊拉克和叙利亚境内）。这片地区冬季温和湿润，漫长的夏季则炎热干燥，为农作物种植提供了理想条件，而人类也正是在这里首次"驯化"了一批植物。还有一个重要因素是，这片土地位于两条大河——底格里斯河和幼发拉底河——之间，方便了人们取水灌溉土地。由于这片地区本身从地图上看呈新月形，再加上土地肥沃物产丰富，因此得到了"新月沃地"的美名。

美索不达米亚位于非洲、欧洲和亚洲的交汇处——优越的地理位置方便了各地的人们在此相会，交易商品和交流思想。这一带几乎没有天堑，是个易攻难守的地方。因此，这一地区从公元前 3500 年到公元前 400 年的历史就是由一个个王国的兴衰和一场场连绵的战乱交织而成的。无数次的权力更迭导致这一时期的史料普遍缺失，这给历史学家的研究造成不少困难。

世界上最早的文明之一——苏美尔文明，大致在公元前 3300 年到公元前 2000 年间统治着美索不达米亚南部。历史学家普遍认为，是苏美尔人最早建立起了真正的城市，甚至城中居民多达 5 万。苏美尔人的主城乌鲁克（Uruk）很可能一度是世界上最大的城市，当时修建的神庙有些仍屹立在今天的伊拉克境内。同样是在苏美尔人的遗迹中，我们发现了人类历史上最重要的进步之一的最早例证：神职人员用象形文字记录的有关农作物产量和税收的基本信息。除了通过考古学和地质学进行的猜测之外，我们对文字出现之前的世界历史了解极少，文字的发明就是史前时代与信史时代的分水岭。

---

① "美索不达米亚"（Mesopotamia）一词源于希腊语单词"mesos"（中间）和"potamos"（河流），意即两河之间的土地。

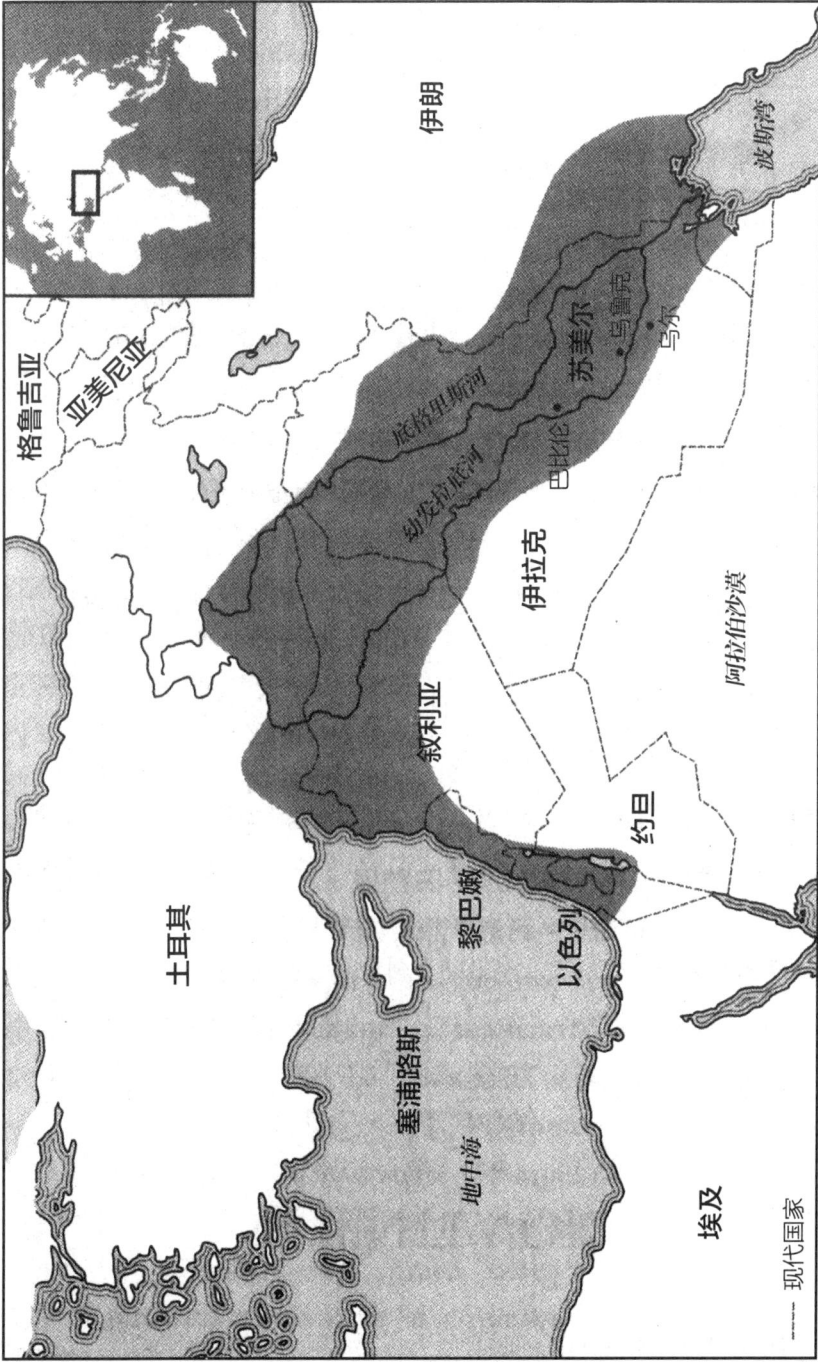

土耳其

格鲁吉亚

亚美尼亚

伊朗

波斯湾

底格里斯河

幼发拉底河

苏美尔

乌鲁克

乌尔

巴比伦

伊拉克

阿拉伯沙漠

叙利亚

约旦

黎巴嫩

以色列

塞浦路斯

地中海

埃及

—— 现代国家

∧ 新月沃地

古埃及：法老之地

（公元前 3100 年）

　　大约同一时期，另一个文明在埃及的尼罗河（Nile）两岸兴起——这条河流一年一度的泛滥提供了灌溉农作物所需的丰富水源。尼罗河两岸肥沃的土地在埃及成长为强国的过程中起了重要作用，因为它使埃及人能够通过向地中海沿岸和中东的其他地区供应粮食而致富。沙漠则起到了防御屏障的作用，也正由于罕有入侵者，当地的政局一直保持稳定。

　　公元前 3100 年前后，林立于此的众多邦国被一个名叫内梅什（Nemes）的国王（按照埃及人的称呼是法老）所统一。这位一代雄主还兴建了都城孟菲斯（Memphis），拉开了埃及历代王朝数千年统治的序幕。埃及在此成为世界上最大的王国，在此后 2500 多年的岁月里，先后有大约 30 个不同的王朝统治着该国多达百万的臣民。各王朝的法老都被人民视作神祇。

　　法老们为迎接死亡所花费的准备时间可以用来部分解释他们对于建造金字塔的热忱。这些建于公元前 2700 年到公元前 2200 年之间的金字塔实际上是巨大的陵墓。令人难以置信的是，时至今日，也没有人真正知道它们究竟是如何建成的。我们只知道它们在当时甚至以后很长时间都称得上是雄伟至极的建筑；位于吉萨（Giza）的胡夫大金字塔（Great Pyramid of Khufu）虽然建于 4500 多年前，但它创造的世界建筑高度纪录却直到公元 1311 年英格兰的林肯大教堂（Lincoln Cathedral）竣工时才被打破（这还是把该教堂的木制塔尖算进去的结果）。这已经是 3000 多年以后的事了。

东方的文明

　　除了埃及和美索不达米亚，还有两个重要的独立文明在其他大河之畔崛起——一个在印度次大陆西北部，分布于流经现代巴基斯坦和阿富汗的印度河（Indus River）沿岸，另一个则在中国的黄河沿岸。

在公元前3000年左右建立的印度河流域文明——以其主城名字命名的"哈拉帕"文明——分布在几乎与西欧面积相当的广阔区域。虽然由于其文字至今未被破译以及另一些原因，关于这个社会的情况仍有许多未解之谜，但我们已经确知哈拉帕和它的姊妹城市摩亨佐–达罗（Mohenjo–Daro）都是拥有卫星城的大都市，城内人口超过3万，而且相互之间以及与美索不达米亚之间都有贸易往来。当地的居民显然有相当高的文明程度，因为他们居住在砖石砌成的房屋里，种植小麦和大麦，还会灌溉农田。不仅如此，这两座城市还具有网格式的布局和类似的结构，这表明它们可能是在统一的政府领导下。

虽然这个文明在公元前2600年到公元前2000年间兴盛一时，但是它的主要城市在公元前1700年到公元前1600年之间被突然废弃，而且整个文明到了公元前1300年左右就不复存在。虽然没有人能确定其灭亡的真正原因，考古学家们还是做出了种种猜测，包括气候变化、迫使居民向东方迁移的水土流失，以及来自西北方的印欧人①入侵。

在更遥远的东方，我们目前已经发现文字证据的最早王朝是青铜时代的商朝，它是公元前1700年左右建立于黄河沿岸的一个王国。商朝统治区的面积约占现代中国的十分之一，它在延续大约700年后被周朝推翻，而中国也由此进入铁器时代。

周朝的统治虽然经历了几次蛮族入侵造成的短暂中断，却也维持了与商朝大致相当的时间。不过在这个朝代的大部分时间里，中华大地上存在着一百多个半独立的诸侯国，周只不过是其中最强大的一个。但是与印度突然消失的哈拉帕文明不同，中国早期朝代的信仰和典章制度奠定了坚实的基础，使后续王朝对这片土地的统治一直延续到20世纪。

---

① 印欧人是起源于黑海和里海之间的一个种族。

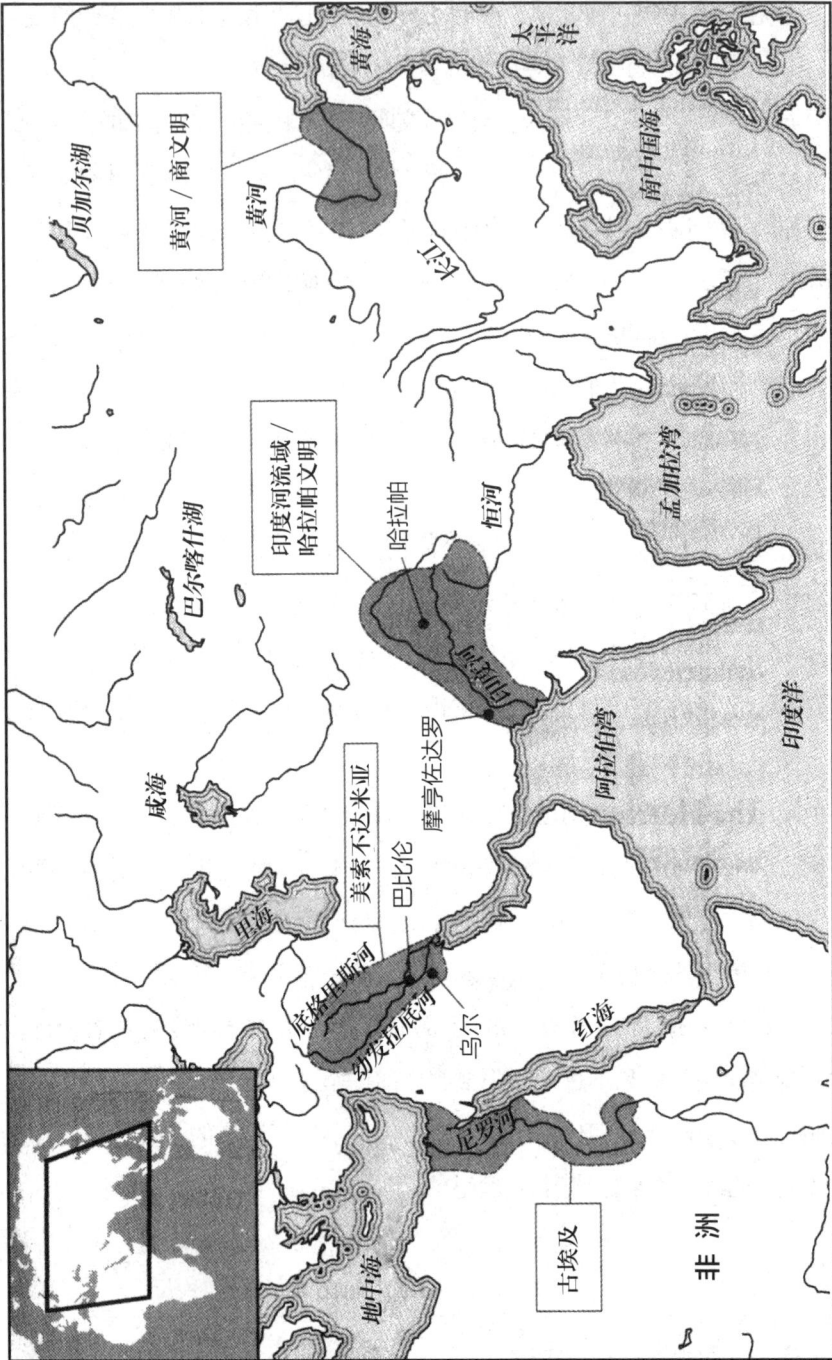

〈 早期大河流域文明

石器时代、青铜时代和铁器时代

　　公元前 5000 年前，人类的工具和武器主要是用石头、木头和骨头制成的，"石器时代"也由此得名。在人类发现可以通过高温从矿石中提炼金属后，他们开始用铜制作工具，只不过数量很有限[①]。但是，在公元前 3300 年前后，人们又发现将铜矿和锡矿按 9:1 的比例混合加热可以产出一种更耐用的材料——青铜。从此开启了我们现在所说的"青铜时代"。

　　不同时代的开始和结束在世界各地并不是同步进行的；例如，英伦三岛直到公元前 800 年左右才进入青铜时代，即使到了 20 世纪，也有多个处于石器时代的文明被世人发现。

　　大约在公元前 13 世纪，中东和东南欧开始大量使用铁，因为在不久前人们终于发现了如何制造从岩石中烧出铁矿所必需的高温。铁的坚固程度和分布的广泛性远远超过铜和锡，因此逐渐取代青铜成为最受欢迎的金属。和青铜时代一样，世界各地的铁器时代开始于不同时期，北欧直到公元前 600 年前后才开始用铁。

赫梯人：早期的铁器贩子
（公元前 1400 年 – 公元前 1200 年）

　　铁在公元前 2000 年后另一个重要帝国的崛起中发挥了很大作用——这个帝国的建立者是赫梯人。截至公元前 14 世纪中叶，他们的帝国已经囊括了今天的土耳其大部以及黎巴嫩和伊拉克的部分领土。赫梯人发现了熔化铁矿石来

---

　　① 埃及人建造他们早期的金字塔时很可能只使用了铜器和石器，因此金字塔是比我们最初的认识还要伟大的成就，尽管劳工们在施工过程中肯定经历了不为人知的苦难。

制铁的方法，这是一个极为重要的技术进步，因为掌握更坚韧的铁制武器的军队能够战胜那些只有青铜武器的敌人。虽然赫梯人也向其他国家出售铁制工具，但是他们不愿向后者传授制作这些工具的奥秘，这使他们在大约公元前 1400 年到公元前 1200 年间成为西亚首屈一指的强国。

中美洲的奥尔梅克人
（公元前 1400 年 – 公元前 400 年）

在世界另一头的中美洲也产生了一个独立的文明：奥尔梅克文明。我们对奥尔梅克人的了解要少于对在亚洲产生的其他重要文明的了解，因为他们留下极少数文字记录后就在公元前 400 年左右因为未知的原因而销声匿迹了（虽然元凶很有可能是环境变化）。我们只知道他们编制了历法，雕刻了巨大的石质头像，建造了金字塔式的大型建筑，还广泛进行贸易；杀人献祭是他们宗教生活的一部分，他们的仪式和信仰为继他们之后在该地区繁衍生息的文明（包括玛雅文明和阿兹特克文明）奠定了宗教仪式和信仰的基础。

海上民族的入侵
（公元前 1200 年）

古地中海地区的一个历史转折点发生于公元前 1200 年前后，当时有几群来自北方和西方的掠袭者结成联盟，主要通过海路向东迁徙。他们占据了克里特岛，还曾试图入侵埃及，最终落户在了迦南（Canaan）——这一地区大致相当于今天的以色列、巴勒斯坦、黎巴嫩和叙利亚南部。埃及人的史籍将这些人称为"海上民族"。

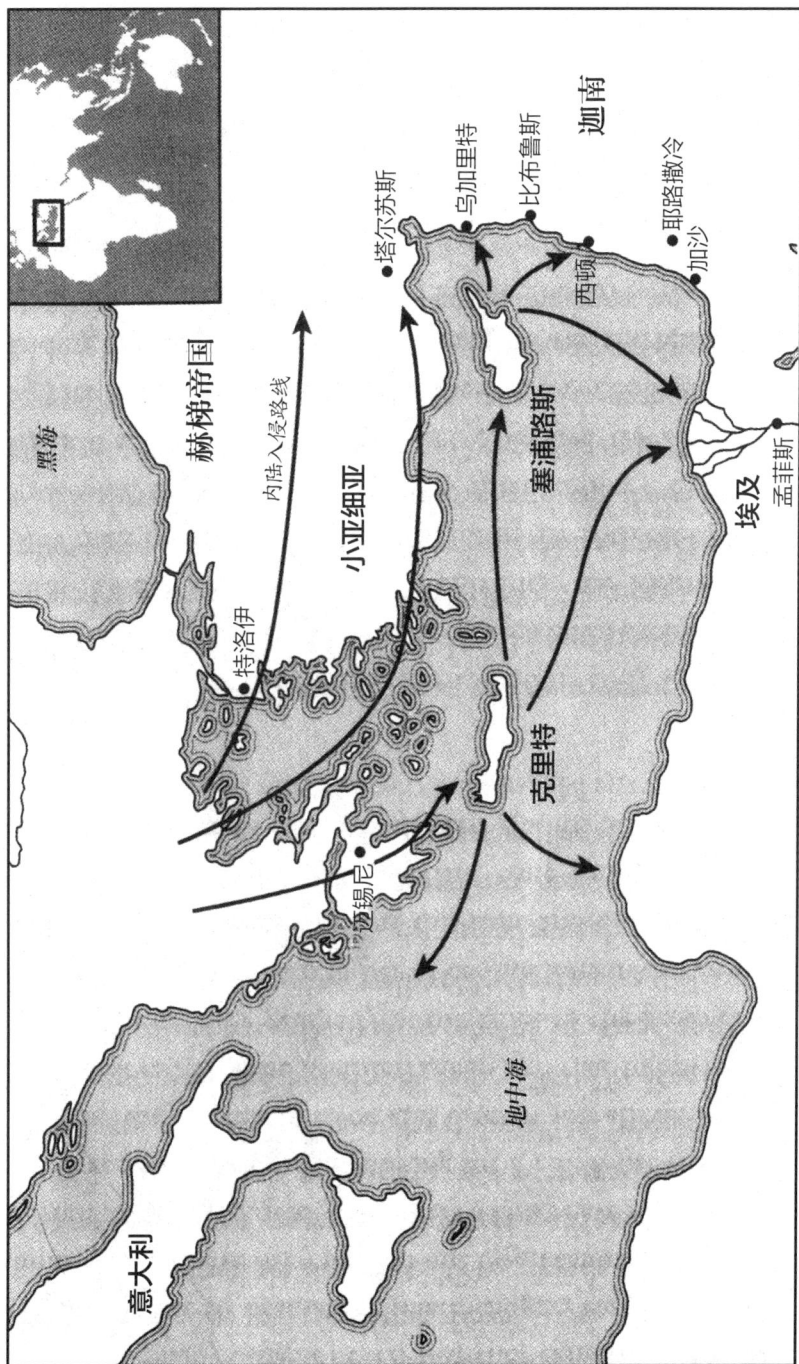

∧ 海上民族入侵（公元前 1200 年前后）

这些入侵者的北部分支定居在今天的黎巴嫩沿海，后来希腊人将他们的定居地称为"腓尼基"（Phoenicia）。入侵者的南部分支是派莱赛特人（Peleset），后来又被称为非利士人（Philistines），在被埃及人拒于国门外后定居于迦南。和当地的其他民族一样，非利士人也受到周边各路强国的侵攻，最终于公元前7世纪消失在历史长河中，只留下他们的名字"非利士"（或者写作巴勒斯坦）被用来称呼他们曾居住的土地。

历史学家至今也没有查明"海上民族"究竟是何种人，又起源于何地①，也不知道他们东进的原因。他们有可能是因为剧烈的气候变化、地震或饥荒而迁徙，也可能是因为受到北方其他部族的侵略压力。同样，他们也可能只是为了争夺土地而前赴后继的入侵者中的一拨而已。我们只知道他们在地中海沿岸一路东进一路烧杀抢掠，被他们以武力征服的城市通常都会被付之一炬。而最终赫梯人也成为在这一文明地区突然终结的文明种族之一，他们再也没能对他们的邻人构成威胁。而古埃及也是从此走上了漫长的衰败之路。

希伯来人

在摆脱埃及人的奴役之后不久，希伯来人也来到迦南定居，立志建立属于自己的国家。因为遭到非利士人攻击，希伯来人搁置了内部的争斗，在公元前10世纪的某个时间推举扫罗（Saul）为他们的国家——以色列的第一任国王。关于参孙（Samson）、撒母耳（Samuel）、扫罗、大卫（David）和歌利亚（Goliath）的圣经故事都与非利士人和希伯来人的战争有关。

---

① 认为他们起源于希腊、克里特岛乃至意大利的假说都曾有人提出。

希伯来人发现自己陷入了旷日持久的战争状态，担心本民族的文化有失传之虞，便开始用文字记录本族的历史。这些记录行为持续了数百年，流传下来的文本被称为《塔纳赫》（Tanakh），也就是《希伯来圣经》（Hebrew Bible）。基督徒和犹太教徒的许多宗教信仰都是以《塔纳赫》中的记载为本，基督徒甚至以这些文集作为他们自己的《旧约圣经》（Old Testament）（只不过在次序上与犹太教略有差异）。

我们通过阅读《塔纳赫》前五卷可以得知，亚伯拉罕和他的子民曾被入侵的部落民逐出美索不达米亚南部，这一事件发生在记录者所处年代的1000年前，也就是距今约4000年前。后来在某个时间，可能是为了逃避饥荒，他们前往埃及避难，结果成了埃及人的奴隶。根据《出埃及记》（Exodus）的记载，公元前1200年（大致在海上民族入侵的同一时间），希伯来人的领袖摩西（Moses）召集起自己的族人，带领他们离开了埃及。按照《塔纳赫》的说法，也就是此时，上帝在西奈山（Mount Sinai）上向摩西传授了十诫。上帝许诺只要希伯来人遵从这些戒律，就将把他们视作天选之民加以庇佑，并且带他们前往迦南的应许之地。

公元前10世纪，希伯来人先是在扫罗①领导下，继而在扫罗的女婿大卫和大卫的小儿子所罗门统治下度过了本民族历史上的全盛时期，彼时以色列国富民强，颇为兴旺。但是在所罗门死后，希伯来人重又陷入内斗，国家也分裂成了两半：较富裕的北部王国仍名为以色列，定都于撒马利亚（Samaria）；较小的南部王国则以犹太为国号，定都于耶路撒冷（Jerusalem）。由于无力抵挡入侵者，以色列最终被来自东方的亚述人灭亡。

---

① 根据《圣经·撒母耳记》的记载。

腓尼基人探索地中海
（公元前 1000 年 – 公元前 500 年）

地中海东部的金属矿藏并不是十分丰富，因此当地居民为了寻找新的矿石来源就必须西进。在公元前 1000 年到公元前 500 年之间，定居于如今黎巴嫩境内的海上民族北部分支后裔——腓尼基人以及善于航海的希腊人在分布于地中海的各条贸易路线上的战略要点建立起了众多定居点。腓尼基人的定居点之一——迦太基（Carthage）日后将在罗马历史中扮演重要角色。

大亚述帝国

当美索不达米亚的苏美尔文明在公元前 2000 年前后逐渐消亡时，巴比伦王国和亚述王国，再加上分布在如今的伊朗境内的众多部落，以及来自今天的土耳其境内的赫梯人，为了争夺霸权而展开连番混战。在公元前 2000 年以后的千年岁月中，以不同面貌出现的巴比伦王国通常都能占得上风，但是在公元前 910 年前后，亚述人终于取得统治地位。从此时起直到公元前 625 年左右，亚述帝国凭借一支以强悍残忍著称的大军，成为亚洲西南地区最大最强的帝国。

亚述人出兵四处讨伐，征服了巴比伦，毁灭了以色列和众多腓尼基城邦，还劫掠了埃及。但是和所有扩张过度的帝国一样，他们的武运①终究有耗尽的一天。公元前 630 年前后的一次宫廷内乱使帝国暴露于一个名为“米底”的东方部落的兵锋之下。这个来自今天伊朗境内的部落在北方和南方其他部落的支援

---

① 外来词汇，起源于日本战国时期。是指战斗中胜负的命运，同时也是武士、军人的命运。

亚述

幼发拉底河

腓尼基

以色列王国

犹太王国

加利利海

撒马利亚

耶路撒冷

死海

阿拉伯沙漠

艾尔瓦德

比布鲁斯

西顿

提尔

加沙

非利士

小亚细亚

塞浦路斯

西奈沙漠

地　中　海

尼罗河

孟菲斯

埃及

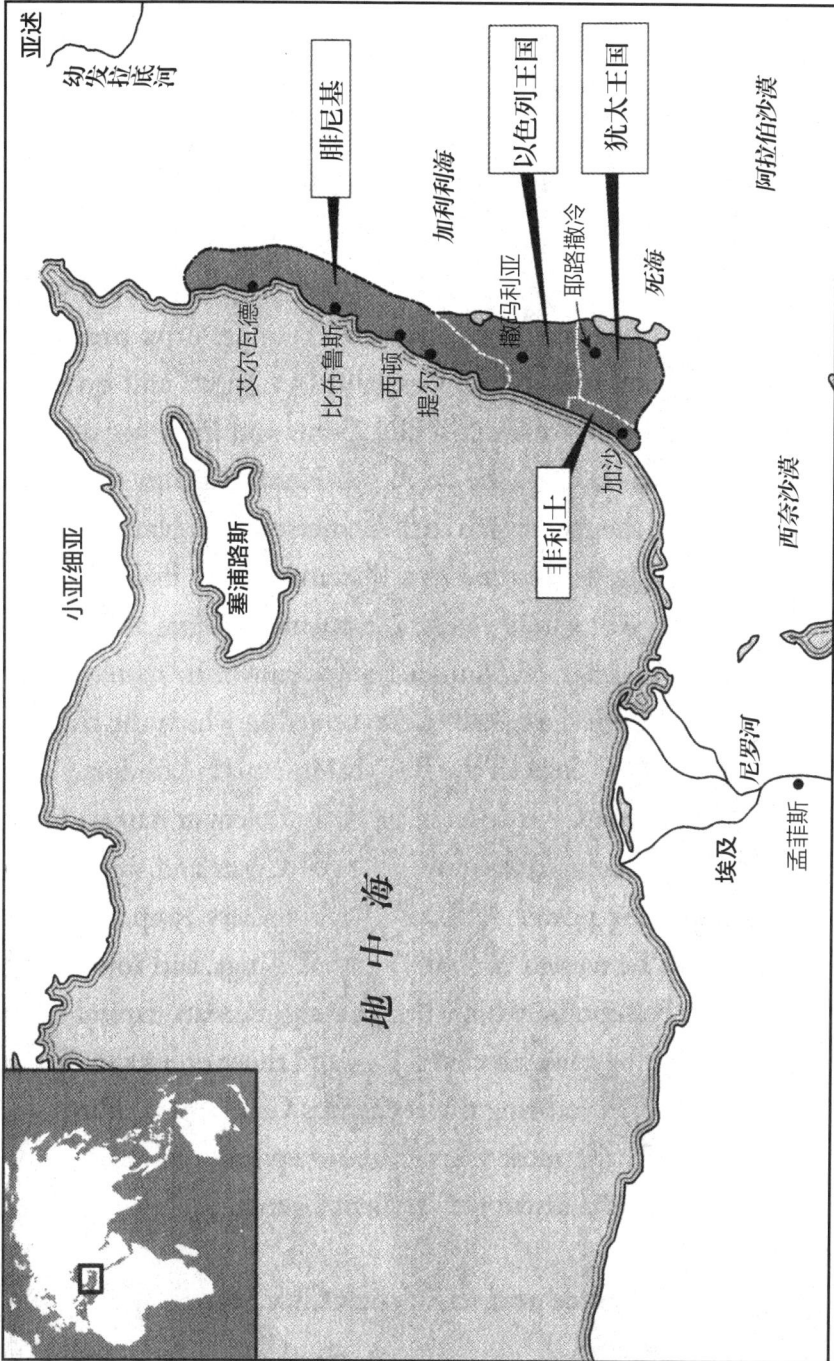

∧ 以色列、犹太和非利士（公元前 900 年前后）

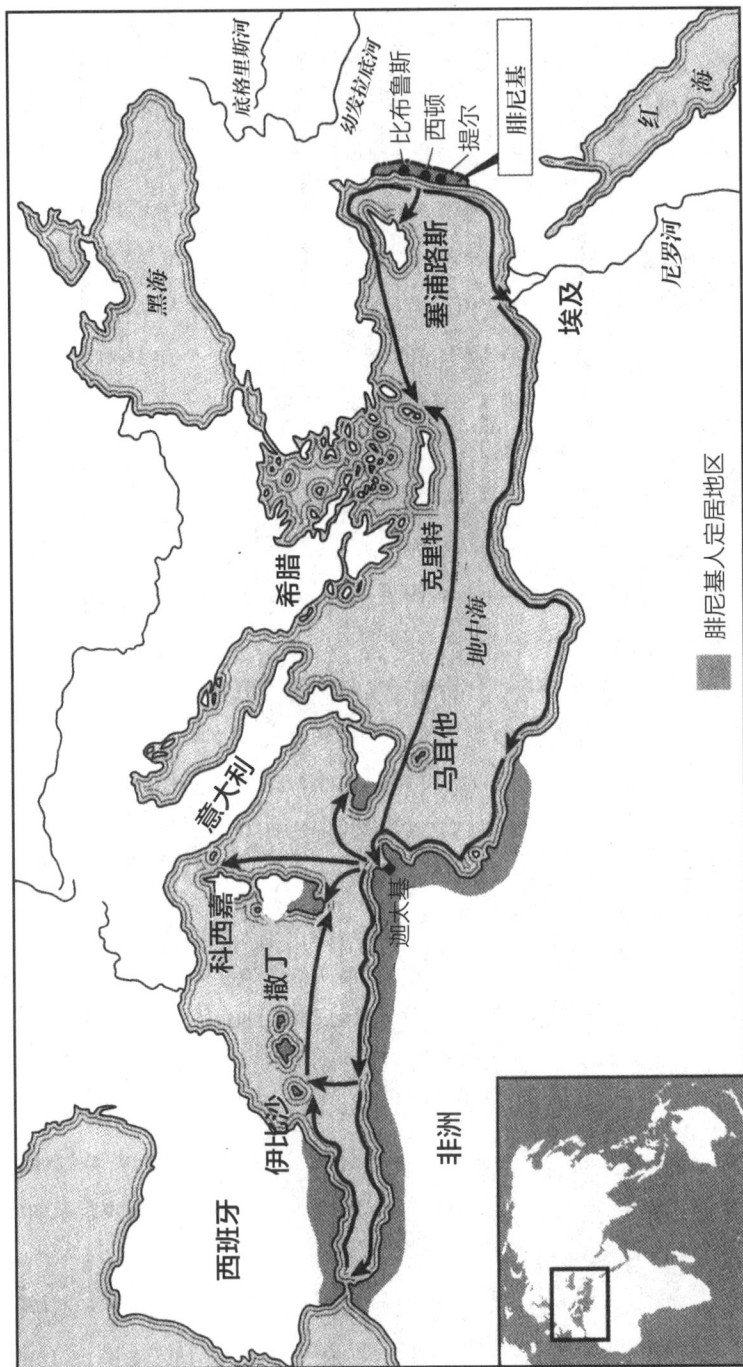

〈 腓尼基人的贸易路线（公元前 600 年前后）

地图标注：
底格里斯河　幼发拉底河　比布鲁斯　西顿　提尔　腓尼基　红海

塞浦路斯　埃及　尼罗河

黑海

希腊　克里特

意大利　地中海　马耳他

科西嘉　撒丁

伊比沙　迦太基

西班牙

非洲

腓尼基人定居地区

下，成功地征服了亚述帝国的大片领土，并在公元前605年彻底击败帝国，将其都城尼尼微（Nineveh）夷为平地。

在这场战争中，耶路撒冷也惨遭毁灭，城中许多居民被掳掠至巴比伦城。但是巴比伦文明仅仅在巴比伦国王那波帕拉萨尔（Nabopolassar）与其子尼布甲尼撒二世（Nebuchadnezzar II，正是此人修建了著名的巴比伦空中花园）治下短暂复兴，随后就在公元前6世纪被波斯人征服，消失于历史长河中。

古波斯帝国
（公元前550年 – 公元前330年）

波斯人原本是米底人的附庸，但是公元前559年居鲁士二世（Cyrus II）成为他们的国王后起兵反抗米底人，生擒了米底国王，还把阿契美尼德王朝治下的波斯帝国打造为亘古未有的强大帝国。帝国的疆域从埃及一直延伸到今天的阿富汗，建设速度之快和幅员之广都是空前的。当居鲁士率大军于公元前539年占领巴比伦时，他释放了沦为奴隶的希伯来人，准许他们返回祖先的故土，这一善举使他在《以赛亚书》（Isaiah）中被颂扬为解放者。素有仁慈宽厚之名的居鲁士还颁布了目前已知的人类历史上第一份人权宣言。这份宣言书写在一个经火焙制的泥质圆筒——"居鲁士铭筒"上，目前收藏在伦敦的大英博物馆中。

在居鲁士和他的儿子相继离世后，一个名叫大流士（Darius）的波斯贵族宣称自己是居鲁士某个祖先的后裔，并通过一场不流血的政变登上了空缺的王位。他"谦逊"地给自己加封了"万王之王"的称号，还在波斯波利斯（Persepolis）建造起一座城池，将其定为波斯帝国的都城。他之所以在历史上占有重要地位，是因为他和他的儿子薛西斯（Xerxes）为了降服桀骜不驯的希腊人而发动的战争是在那个时代被书写最多的战事，我们也正好借此机会将目光投向古希腊的历史。

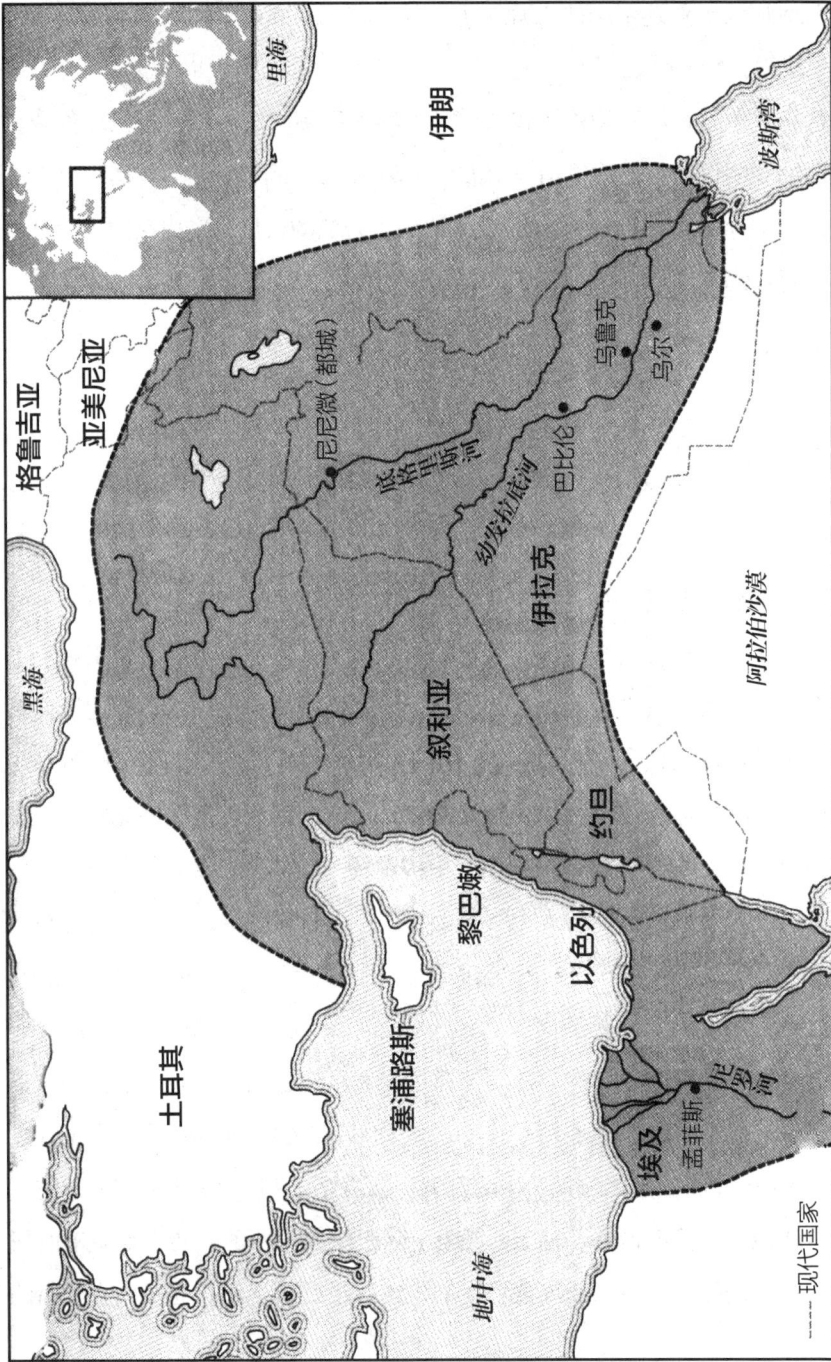

〈 亚述帝国（公元前 700 年前后）

里海

伊朗

波斯湾

亚美尼亚

格鲁吉亚

尼尼微（都城）

底格里斯河

乌鲁克

乌尔

巴比伦

幼发拉底河

伊拉克

黑海

阿拉伯沙漠

叙利亚

约旦

土耳其

黎巴嫩

塞浦路斯

以色列

尼罗河

孟菲斯

埃及

地中海

------ 现代国家

希腊和希腊诸城邦

（公元前 1000 年 – 公元前 330 年）

在希腊历史学家希罗多德（Herodotus）于公元前 450 年左右著书记史之前，希腊并不存在真正意义上的史书，因此我们对早期希腊历史所知极少。成书于公元前 8 世纪前后的《伊利亚特》（Iliad）和《奥德赛》（Odyssey），据说是由希腊诗人荷马（Homer）撰写的史诗。但是这些作品中的许多内容显然是神话传说，并不能作为真正的史料看待。《伊利亚特》记述了迈锡尼人①在阿伽门农（Agamemnon）率领下攻打特洛伊（位于今天的土耳其西部）的故事。《奥德赛》描写了英雄奥德修斯【Odysseus，拉丁文写作尤利西斯（Ulysses）】在攻克特洛伊之后，历经 10 年磨难返乡的历程，还提到了他将一支小部队藏在木马腹中偷运进特洛伊城，从而帮助希腊人战胜特洛伊人的故事。《伊利亚特》和《奥德赛》至今仍跻身全世界声誉最高、流传最广的作品之列。

我们可以确定的是，公元前 8 世纪对希腊人来说，大体是一个和平昌盛的时代。由于居住在群山环绕的半岛上，希腊人热衷于出海寻找可耕种的土地，在爱琴海中的所有岛屿以及小亚细亚半岛（如今的土耳其）和黑海沿岸建立了许多定居点。

在这一时期希腊并未统一，但是伊奥利亚人、多利安人和爱奥尼亚人等不同的希腊族群，以及以雅典（Athens）为代表的众多具有狂热爱国精神的小城邦构成了希腊的标准面貌。大多数时候他们相互贸易，但也时常刀兵相见，而为了自卫他们又会联合起来对抗非希腊人，后者由于语言中带有许多令希腊人难以理解的"巴巴"发音而被他们统称为"蛮族"（barbarian，即巴巴人）。

从公元前 776 年起，希腊人还会每 4 年一次聚集到希腊西南部的奥林匹亚

---

① 迈锡尼是位于今天希腊境内的一个早期文明，于公元前 1200 年左右，大致在海上民族入侵的年代消失。

欧　洲

马其顿

雅典

希腊城邦

利比亚

地中海

非　洲

尼罗河

埃及

孟菲斯

胖尼基

耶路撒冷

小亚细亚

黑海

高加索

里海

咸海

亚　述

米底

巴比伦

底格里斯河

幼发拉底河

帕提亚

巴克特里亚

波斯波利斯

印度河

印度

阿拉伯海

阿拉伯

波斯湾

红　海

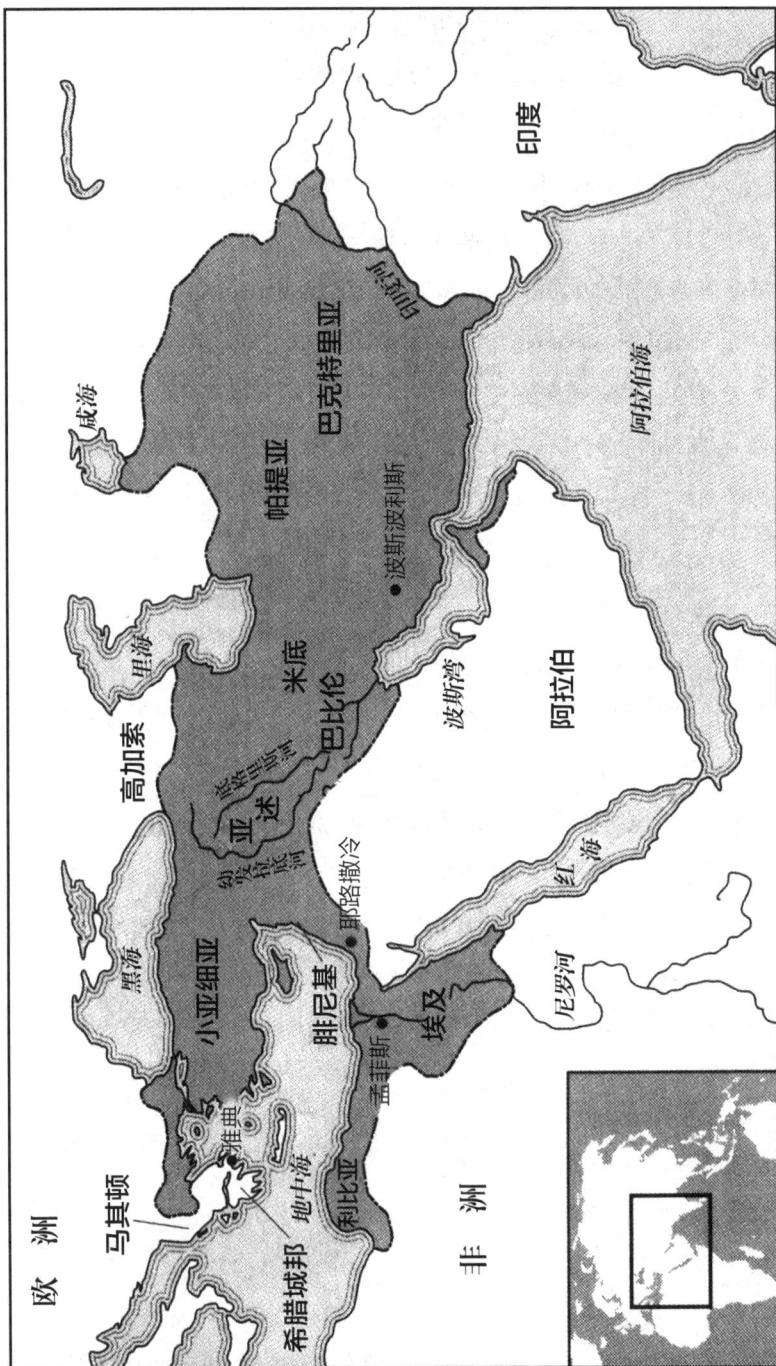

〈 波斯（阿契美尼德）帝国（公元前 500 年前后）

（Olympia）开展各种竞技比赛①，在比赛期间他们会一致停战。雅典通过贸易和联盟逐渐发展壮大，到了公元前500年，它已经成为得到其他城邦公认的古希腊文化、政治和经济中心。

公元前500年左右，定居在今天的土耳其沿岸的爱奥尼亚族希腊人对企图统治他们的波斯人举起了反旗。波斯人被雅典人向爱奥尼亚人提供支援所激怒，在大流士率领下大举入侵希腊，在位于雅典北面的马拉松②（Marathon）平原登陆。雅典人派出信使前往以军队英勇善战著称的城邦斯巴达（Sparta）求援。斯巴达人同意援助，但是当他们赶到时战斗已经结束。尽管如此，爱奥尼亚族希腊人还是在公元前490年成功击败了数量占优的波斯入侵大军，迫使大流士的军队退回小亚细亚。

大流士未及再次发动入侵就郁郁而终，但是他的失败并没有被波斯人忘却。10年后，他的儿子薛西斯再度入侵希腊，企图洗雪马拉松的耻辱。这一次波斯人来到了希腊东海岸塞莫皮莱（Thermopylae）山谷的一处狭窄隘口。传说300名斯巴达勇士在他们的国王利奥尼达斯（Leonidas）率领下使波斯大军寸步难进，但是最终波斯人在一名希腊叛徒的指引下从一条小路突破了斯巴达人的防线。

乘胜进军的波斯人杀入雅典并将其付之一炬，城中居民不得不抛弃家园逃到附近的萨拉米斯（Salamis）岛。然而，波斯人空有一支数量远远超过对手的海军，却在有史以来的第一次海上大战——萨拉米斯海战中折戟沉沙，从此再也没能威胁到希腊。薛西斯最终被人谋杀，下场与公元前339年阿契美尼德王朝的末代君主大流士三世③（Darius III）如出一辙。

---

① 这就是奥林匹克运动会。
② "马拉松"一词从此在希腊语中被用于指代漫长而艰巨的任务，例如长跑。
③ 高加米拉战役失败之后，以拜苏为首的一批波斯贵族开始阴谋颠覆大流士三世，最终，大流士三世被拜苏囚禁，不久在亚历山大的追击之下，拜苏一伙将大流士三世乱矛刺死。

黑海

阿拉伯

阿契美尼德波斯

大马士革

拜占庭

特洛伊

塞浦路斯

米利都

罗德岛

伊奥利亚人

爱奥尼亚人

多利安人

马其顿

克里特

底比斯

特尔斐

科林斯

斯巴达

地中海

塔兰托

希腊人
定居地区

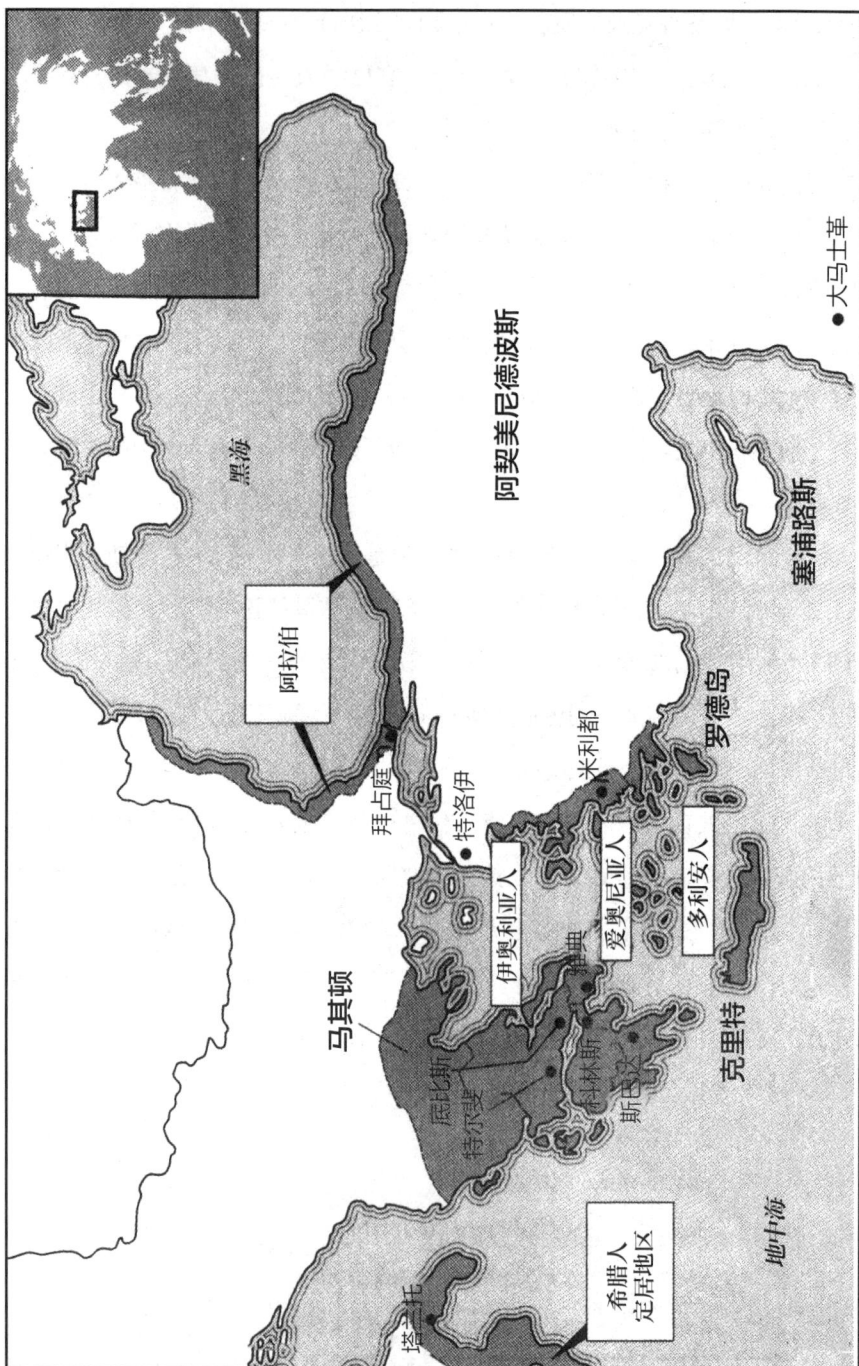

〈 古希腊（公元前 450 年前后）

　　不过希腊人的胜利之所以重要是由于另一个原因：这场胜利意味着最终广为流传的文化是希腊文化，而非波斯文化。希腊语连同拉丁语一起，逐渐成为整个地中海地区受过教育的阶层的通用语言。

　　在波斯人的威胁被解除后，希腊进入了它的黄金时代，在此期间文化、建筑和哲学蓬勃发展，希腊人也对周围的世界产生了浓厚兴趣。这种对知识的追求使古希腊成为现今众所周知的哲学和民主的诞生地。哲学（philosophy）一词源于希腊语单词"philo"和"sophia"，它们的意义分别是"爱"和"智慧"；而民主（democracy）一词源于"demos"和"kratia"，意为"人民"和"统治"。

　　历史上一些极为著名的哲学家就生活在这一时期：首先是苏格拉底（Socrates），他以怀疑雅典诸神和毒害青年的罪名被判处死刑；其次是他最著名的学生柏拉图（Plato），他留下的著作让我们了解了苏格拉底，他还创立了最早的高等学府并将其命名为阿卡德米，这就是今天"学院"（Academy）一词的由来；最后是这个学院最著名的学生亚里士多德（Aristotle），他的父亲是马其顿国王腓力的私人医生，而亚里士多德本人曾担任过亚历山大大帝的个人导师，向他传授了天文、物理、逻辑、政治、伦理、音乐、戏剧、诗歌和各种其他学科的课程。

　　出于对复仇的渴望和防止波斯人再度染指希腊领土的目的，雅典人说服希腊的许多其他城邦建立了一个海上同盟。然而希腊人却无法停止他们内部的争斗，最终这个同盟在各城邦之间断断续续打了20多年的战争中宣告瓦解。虽然这些战争主要的敌对双方是斯巴达人和雅典人，但包括波斯（他们站在斯巴达人一方）在内的整个地区都被卷入。

　　邻近地区的马其顿国王腓力二世（Philip II）明智地选择置身事外，并趁此机会大力发展本国。当希腊诸城邦混战不休时，他把马其顿建设成了一个强国，不仅足以击垮希腊城邦的联盟，还将在不久之后积累起对波斯宣战的自信。腓力没来得及一展宏图就遇刺身亡。但是他的儿子亚历山大将继承他的遗志，统帅一支史无前例的大军从希腊出征。

亚历山大大帝
（公元前 356 年 – 公元前 323 年）

马其顿的亚历山大三世（Alexander III）更为人熟知的称号就是亚历山大大帝，他统一了一盘散沙的希腊城邦，征服了埃及，击败了波斯人，将欧洲和亚洲的广大区域合并成为世界上前所未有的庞大帝国，而完成所有这些功业时还不满 33 岁。他因此成为古代最受尊崇的领袖人物之一。亚历山大的军队南征北战未尝一败，亚历山大本人也是公认的军事天才。

为了将东方和西方联合到同一个大帝国的旗下，亚历山大改穿波斯服饰，下令将波斯人征入自己的军队，还鼓励他的部下娶波斯女子为妻。他还允许被征服的民族在对自己效忠的前提下保持自治。但是，他无休无止的征服欲望最终引起了反弹。当他的大军在公元前 326 年抵达印度时，因为连年征战而身心俱疲的将士们拒绝继续前进，亚历山大不得不班师回朝，并于 3 年后在巴比伦抱恨而终。

印度孔雀王朝
（公元前 321 年 – 公元前 185 年）

亚历山大从印度班师后，留下的权力真空被印度孔雀王朝的开国之君旃陀罗笈多（Chandragupta）所填补。旃陀罗笈多成为印度北部无可争议的统治者，并在印度历史上第一次实现了一定程度的政权统一。

根据不同来源的史料记载，旃陀罗笈多·孔雀在位约 25 年后，出家成为僧侣，最终绝食而死。他的儿子宾头沙罗（Bindusara）扩大了帝国版图，但在印度历史上享有更大声名的是宾头沙罗的儿子阿育（Ashoka），因为他先是为了开疆拓土而发起残酷的征服战争，随后又皈依了佛教——诞生于公元前 6 世纪并吸引了大量信徒的一种生活方式。传说阿育在一次大战后被大量的杀戮所震惊，从此弃绝一切暴力而诚心向佛，终身致力于维持国内外的和平。在他于公元前232 年去世后，他的家族继续维持了大约一个半世纪的统治。随着孔雀王朝的末代皇帝遇害身亡，印度重又陷入分裂。由于周期性地遭到入侵，印度北部直到公元 4 世纪时才在笈多王朝统治下重新迎来繁荣和稳定。

佛教

佛教是一种起源于公元前 5 世纪或 6 世纪（关于佛陀生活的确切年代，至今仍有争论）的哲学或生活方式[①]，不过也有人认为它是一种宗教。目前全世界信奉佛教的人口有 3 亿多。

佛教的创始人乔达摩·悉达多（Siddhartha Gautama）生于帝王之家，他认识到物质财富并不能确保人生幸福，于是在 29 岁那年舍弃繁华，出家寻求能解释自己见到的各种苦难的真理。据说经过 6 年的修行、冥想和自我否定，他终于从蒙昧状态觉醒成为佛陀，即"觉悟者"。

在此后的 45 年时间里，他游历北印度各地传授佛学道理；按照他的教诲，人若能严守道德、谨言慎行、积累智慧，就有可能摆脱蒙昧，摒弃欲望，达成涅槃（即一种没有苦难和烦恼的状态）。

他为了解释社会不公和不平等所做的尝试，以及他提出的关于如何避免受苦的教义，吸引了大批受众，并在世界各地迅速传播开来。在公元前 3 世纪，印度的阿育王皈依佛门后，佛教沿着起自印度的贸易路线传入中亚和东南亚并大为兴盛，不过在印度本土它却逐渐衰微。

[①] 佛教的核心并不是对某个神的信仰，而是佛法（或称达摩）的重要意义，因此存在关于佛教是否算宗教的争论。在信徒看来，佛教超越了宗教，更像是一种哲学或生活方式。

亚历山大继业者的王国

亚历山大没有指定王储或继承人，他手下的主要将领很快就瓜分了他的遗产。于是出现了好几个独立的王国，它们大多数时候互相攻伐而不是和平共处。这些王国中有两个最大：其一是亚历山大的部将塞琉古（Seleucus）建立的塞琉古王国，疆域包括小亚细亚的大部、美索不达米亚和波斯；其二是亚历山大的另一个部将托勒密（Ptolemy）建立的托勒密王国，领土主要在埃及。后来除了波斯的大片土地外，这些继业者王国都被罗马共和国吞并。

在埃及，托勒密建立了以"法老"称号统治该国的最后一个王朝。在此后的两个半世纪里，这个拥有希腊血统的托勒密王朝将成功统治埃及，使希腊传统与古代埃及法老们的遗产相融合。托勒密和他的后裔采纳了埃及的王家礼制，并把埃及的宗教信仰与他们自己的信仰相结合。他们崇拜众多神祇并为其修建神庙，有些人甚至在死后被制成木乃伊。在亚历山大的所有继业者的王国中，埃及延续时间最长，直到公元前30年，托勒密王朝的末代女王克利奥帕特拉（Cleopatra，即埃及艳后）自尽后，才被并入罗马帝国的版图。

亚历山大的统治留下的众多遗产之一，是他出于主宰埃及的愿望在公元前4世纪兴建于埃及北海岸的亚历山大港（Alexandria）。由于雅典逐渐衰落而罗马尚未兴起，亚历山大港成为东西方世界的重要交通枢纽。它是古代最伟大的城市之一，当时世界上最繁忙的港口，也是希腊人、罗马人和埃及人进行思想交流和贸易的文化大熔炉。这座城市在埃及的重要地位直到10世纪时开罗（Cairo）建成后才有所下降。

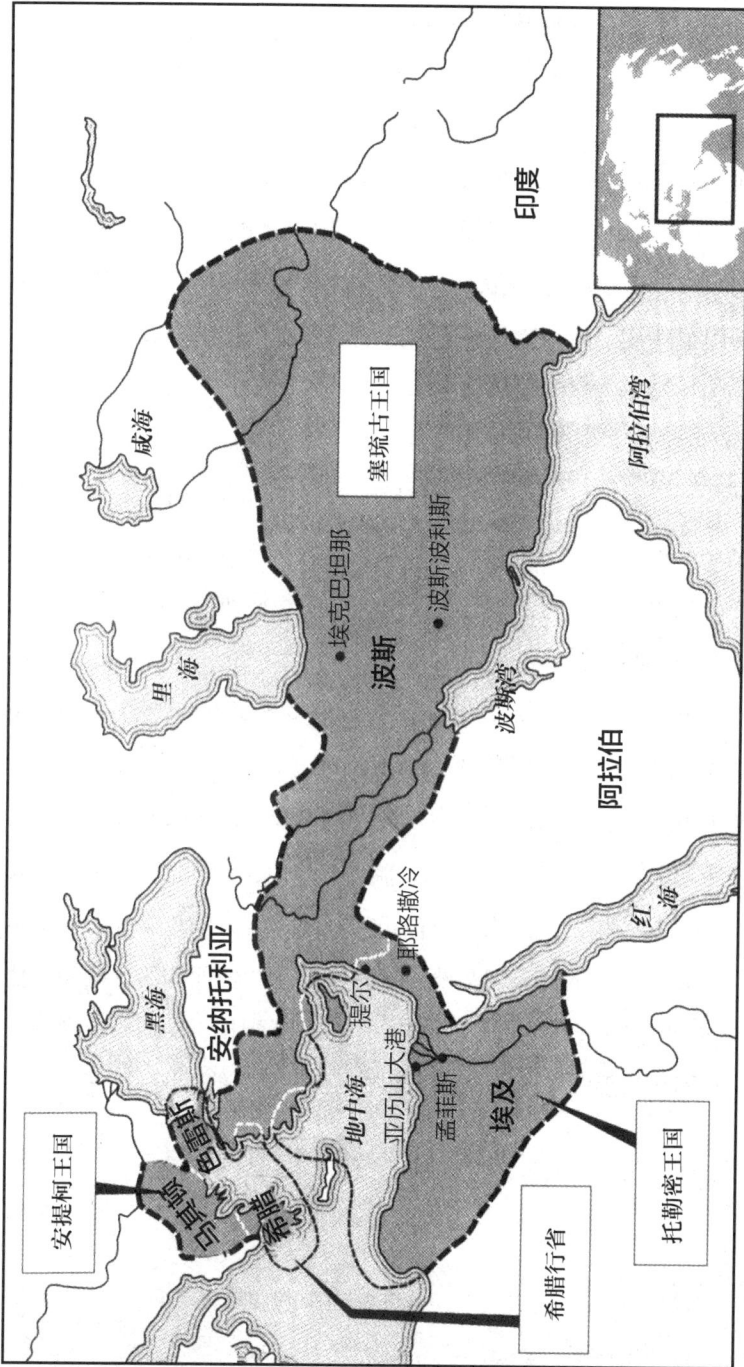

∧ 亚历山大帝国和继业者王国（公元前 280 年前后）

中国的统一
（公元前 221 年）

在东方，到了公元前 400 年，位于现今中国境内的众多独立小国已经整合为 13 个诸侯国，而在此后的 175 年时间里，它们陷入了被称为"战国时代"的长期战争状态。由于运用铁器击败邻国的青铜武器等原因，位于西部、原为周朝附属国的秦国最终成了傲视群雄的最强诸侯国，有人认为英语的"中国"（China）一词就是来源于"秦"。

在公元前 221 年将所有这些诸侯国归为一统，从而成为中国历史上第一个皇帝的领导人被称为"秦始皇"。他无情地粉碎对其统治的一切反抗，因而赢得了"暴君"之名。他还启动了兴建万里长城的工程①——这道长度超过 6000 千米的长墙是当时世界上最大的人造建筑物——目的是使他的帝国免受匈奴人的进犯（这支游牧民族将在数百年后进攻西方）。出于对长生不老的迷恋，再加上担心被自己处死的人的鬼魂会来报复，秦始皇下令塑造 6000 多个武士造型的陶俑为自己陪葬，以便在阴间得到它们的保护。

由于秦始皇的残暴不仁，在他死后不久秦朝就被推翻，而取而代之的汉朝统治了中国 400 年之久②。在这段太平时期，儒家——由孔子和他的弟子自公元前 6 世纪起阐述倡导的一种生活方式——被正式确立为官方的哲学理念。也是在汉朝，名为"丝绸之路"的伟大贸易路线建立了起来，使亚洲的丝绸和其他奢侈品得以被交易到波斯和印度，以及西方一个正在开疆拓土的新兴帝国——这个将通过征服和同化等手段发展壮大，进而主宰西方世界的帝国——罗马。

---

① 另一些皇帝将会扩建长城。
② 汉朝亡于公元 220 年。中国的再度统一要等到公元 581 年。

罗马共和国

（公元前509年 – 公元前27年）

罗马起源于公元前8世纪，起初它只是台伯河（Tiber）岸边的一座小城。传说这座城市是在公元前753年由一对孪生兄弟罗慕路斯（Romulus，这就是罗马之名的由来）和雷穆斯（Remus）建立的，兄弟两人在襁褓时都曾被一条母狼搭救并哺养成人。这一地区起初一直由伊斯特拉坎族的国王统治，但是到了公元前509年，建立了更有代表性的政体，罗马从此成为共和国。共和国继续快速扩张，并且明智地将被征服的人民作为"公民"而非"臣民"纳入，这一策略有效地降低了反叛的概率。

但罗马并非没有竞争对手，当时在地中海一带占主导地位的强国是公元前9世纪在非洲北部海岸、今天的突尼斯境内建立起来的腓尼基贸易殖民地：迦太基。自从波斯人在公元前6世纪征服腓尼基各城邦之后，迦太基就成了独立国家。到了公元前3世纪，迦太基帝国已经成长为地中海地区最大的海军强国，疆域包括非洲北部、西西里岛和伊比利亚半岛南部（在今天的西班牙境内）。

为了将地盘扩大到意大利本土之外，罗马人侵入了迦太基人的势力范围。从公元前264年到公元前146年的这118年时间里，罗马和迦太基这两个强国为了争夺地中海西部的控制权，在陆上和海上展开激烈的较量。这些战争因为拉丁语中称呼腓尼基人的单词"布匿人"而得名为布匿战争（Punic War），消耗了双方的大量物力和人力。虽然大规模的布匿战争共有3次，但其中最著名的毫无疑问是第二次，因为在这场战争中对手大举入侵罗马领土，罗马人损失惨重，经过苦战才侥幸获胜。

汉尼拔与布匿战争
（公元前 264 年 – 公元前 146 年）

公元前 221 年，驻扎于伊比利亚的迦太基军队的领导权传到了 25 岁的汉尼拔（Hannibal）手中，这是一次子承父业的权力传承。公元前 218 年秋，他从北部入侵意大利，率领一些战象和数以万计的士兵在当年冬天翻越了阿尔卑斯山。抵达意大利后，他连续歼灭狭路相逢的罗马军队，只用短短两个月时间就征服了意大利北部的大半区域，并引发了罗马共和国多座城市的反叛。

罗马人最终通过进攻伊比利亚还以"颜色"，在迫使这个半岛的大片地区臣服后，他们又渡海进入非洲，将战火烧到迦太基本土。迦太基人不得不签订城下之盟，还将汉尼拔流放到海外，汉尼拔最终在异乡含恨自尽。迦太基从此成为罗马的附庸，直到 50 年后因再次试图反抗而被夷为平地。

至此罗马控制了包括北非在内的整个地中海西部地区，从一个次要的地区强国成长为世界级的大帝国。罗马的统治地位极其稳固，以至于罗马人将地中海称为"Mare Nostrum"，意即"我们的海"。布匿战争的另一个后果是，罗马人为了报复马其顿国王腓力五世（Philip V）曾给予迦太基人的支援，在公元前 168 年占领了马其顿王国。从此以后，曾经称雄一时的希腊人沦为罗马治下一个行省的公民。

尤利乌斯·恺撒
（公元前 100 年 – 公元前 44 年）

让我们快进一个世纪，来到公元前 80 年，此时尤利乌斯·恺撒（Julius Caesar）非凡的雄辩才能吸引了许多人的注意。精通政治的恺撒与当时罗马功勋最高的将军格涅乌斯·庞培（Gnaeus Pompey）和罗马最富有的人马库斯·克拉

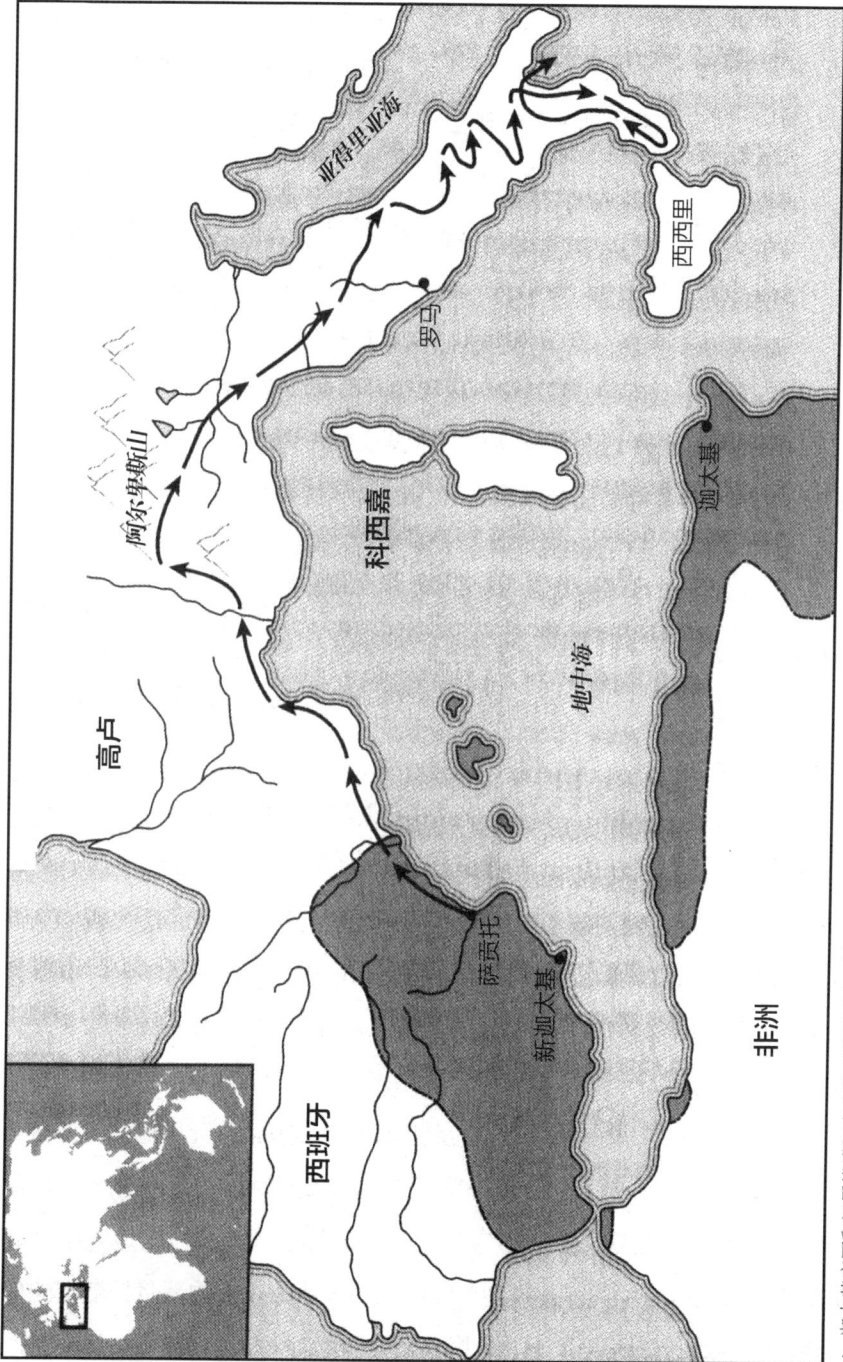

> 迦太基帝国和汉尼拔进军意大利的路线（公元前 3 世纪初）

亚得里亚海

西西里

罗马

科西嘉

阿尔卑斯山

地中海

迦太基

高卢

萨贡托

新迦太基

西班牙

非洲

苏（Marcus Crassus）结成一个名为"前三巨头"的同盟。由于无人能对抗这个同盟，他们三人得以将帝国划分为三块势力范围：克拉苏获得叙利亚，庞培获得西班牙（伊比利亚半岛），而恺撒得到了意大利北部和东南欧，后来又加上了高卢南部。

从公元前58年到公元前50年，恺撒通过在高卢（大致相当于今天的法国）的成功征战积累声名，并且通过这场即使按罗马人的标准也非常残酷的战争将当地居民纳入罗马控制之下。为了驱逐罗马人，高卢人在维钦托利（Vercingetorix）——此人如今被视作法国历史上第一位民族英雄——领导下团结抗战，但最终还是失败了。根据希腊历史学家普鲁塔克（Plutarch）的记载，到这场战争结束时，有多达100万高卢人命丧黄泉，另有100万人沦为奴隶。恺撒还发动了对不列颠群岛的小规模入侵，但大不列颠岛要再过100年，才会在罗马皇帝克劳狄一世（Claudius）的大军铁蹄下屈服。

恺撒的成就打破了权力平衡，也使庞培的功绩黯然失色。而进一步颠覆权力平衡的事件是克拉苏之死——他企图入侵邻国帕提亚，却与3万名部下一起战死沙场。帕提亚人本是波斯的一个部落，由于塞琉古帝国的衰落而崛起，此时成了罗马人的严重威胁。

在看到恺撒的潜在威胁之后，庞培说服元老院命令恺撒返回罗马。恺撒虽然遵命返回，但他已不是一个忠诚的军人，反而下定决心要用战争教训不知感恩的罗马。于是恺撒率领他的军团从高卢行军至意大利，并渡过意大利北部作为罗马与山南高卢行省分界线的卢比孔河（Rubicon），进入罗马本土。按照罗马法律，任何将军如果率领军队擅自渡过此河，都将被视作入侵意大利的敌人。（成语"跨过卢比孔河"从此流传至今，用来比喻任何人铤而走险的行为。）

恺撒的行为引发了一场内战，而他也将因此成为罗马国内无人能及的领袖。为了应对恺撒的入侵，元老院任命庞培为罗马军队的总指挥，指示他击败恺撒，然而庞培在战场上败北后又被恺撒穷追不舍，最终逃到埃及被当地人暗杀。追到埃及的恺撒在返回罗马前被克利奥帕特拉——亚力山大的部将托勒密的后裔——用美色迷惑，与她生下一子，并起名为小恺撒（Caesarion）。他还帮助克利奥帕特拉击败了她的弟弟（当时的埃及法老，克利奥帕特拉曾被迫与其结为夫妻），将她扶上王位。

回到罗马之后，恺撒举办了隆重的庆典来庆祝自己的胜利；他被任命为任期10年的独裁官，元老院还向他授予了其他荣誉，包括用他的名字来命名一年中的第七个月份①（July），以及将他的头像铸造在硬币上——按照传统，这是君主的象征，自然不会被以反对君主制著称的罗马人所忽略。

恺撒作为改革家受到人民的高度爱戴，但是在一小群一心想维持现状并担心失去自己的财富和权力的元老心中，他也受到同样程度的痛恨（如果程度不是更高的话）。这些元老密谋杀害恺撒，借口是恺撒要自立为王，恢复罗马早在公元前509年就已废除的君主制。在公元前44年3月15日，他们成功地实施了刺杀行动，将一把匕首刺入恺撒的心脏，从而又将罗马拖入一系列内战中。最后，战争以罗马共和国的崩溃而告终，罗马帝国由此建立。

屋大维、马克·安东尼与克利奥帕特拉

恺撒在被害前已经将自己的甥孙盖乌斯·屋大维（Gaius Octavius）指定为自己包括名字在内的一切所有物的继承人。屋大维和马克·安东尼——恺撒的左膀右臂，两人本身也是经验丰富的军人——经过几番明争暗斗后联合起来，惩治了杀害恺撒的凶手。

但是这两人之间的相互猜忌很快就重新爆发。安东尼醉心于东方文化，还与克利奥帕特拉热恋并生下3个孩子，这导致他最终垮台，并在罗马饱受诽谤。

---

① 第八个月份（August）将以罗马皇帝奥古斯都（Augustus）的名字来命名，他甚至自称为神。

一时间谣言四起，有人说他在亚历山大港而非罗马举行祝捷仪式，有人说他打算死后葬于该地，甚至有人说他要将罗马帝国的部分领土馈赠给克利奥帕特拉和她的孩子——其中包括小恺撒，而这动摇了屋大维作为恺撒继承人的地位。

屋大维借机将安东尼描绘为埃及人的走卒，进而对克利奥帕特拉宣战，这也等于是对安东尼宣战。公元 31 年，两军在希腊西北部的亚克兴（Actium）打了一场大海战，结果屋大维大获全胜。次年，埃及的末代法老克利奥帕特拉与安东尼双双自尽，埃及也步希腊的后尘，成为罗马的一个行省。

罗马帝国
（公元前 27 年 – 公元 476/1453 年[①]）

颠覆了罗马共和国的罗马帝国是在公元前 27 年建立的，当时罗马元老院授予屋大维"奥古斯都"（Augustus）的称号，意为至尊者或神圣者。之后屋大维又顺理成章地成为"Princeps Senatus"，其意为首席元老或第一公民。后来"Princeps Senatus"成为罗马皇帝的正式称号，英语中的"prince"（王子、亲王、国君）一词就是由此而来。屋大维的众多称号中还包括原本仅授予取得重大胜利的将军的"英白拉多"（Imperator，意为大元帅），这个称号从此与统治者密不可分，被专门用于称呼帝国的领导人（英语的皇帝"emperor"、法语的皇帝"empereur"等都起源于此）。

罗马皇帝奥古斯都·恺撒掌握了绝对的统治权力。顽固的共和派即使对此抱持担忧，最终也都被奥古斯都在数十年内战之后成功实现的政治和社会稳定

---

① 编者注：西罗马帝国覆亡时间为公元 476 年，东罗马帝国覆亡时间为 1453 年。

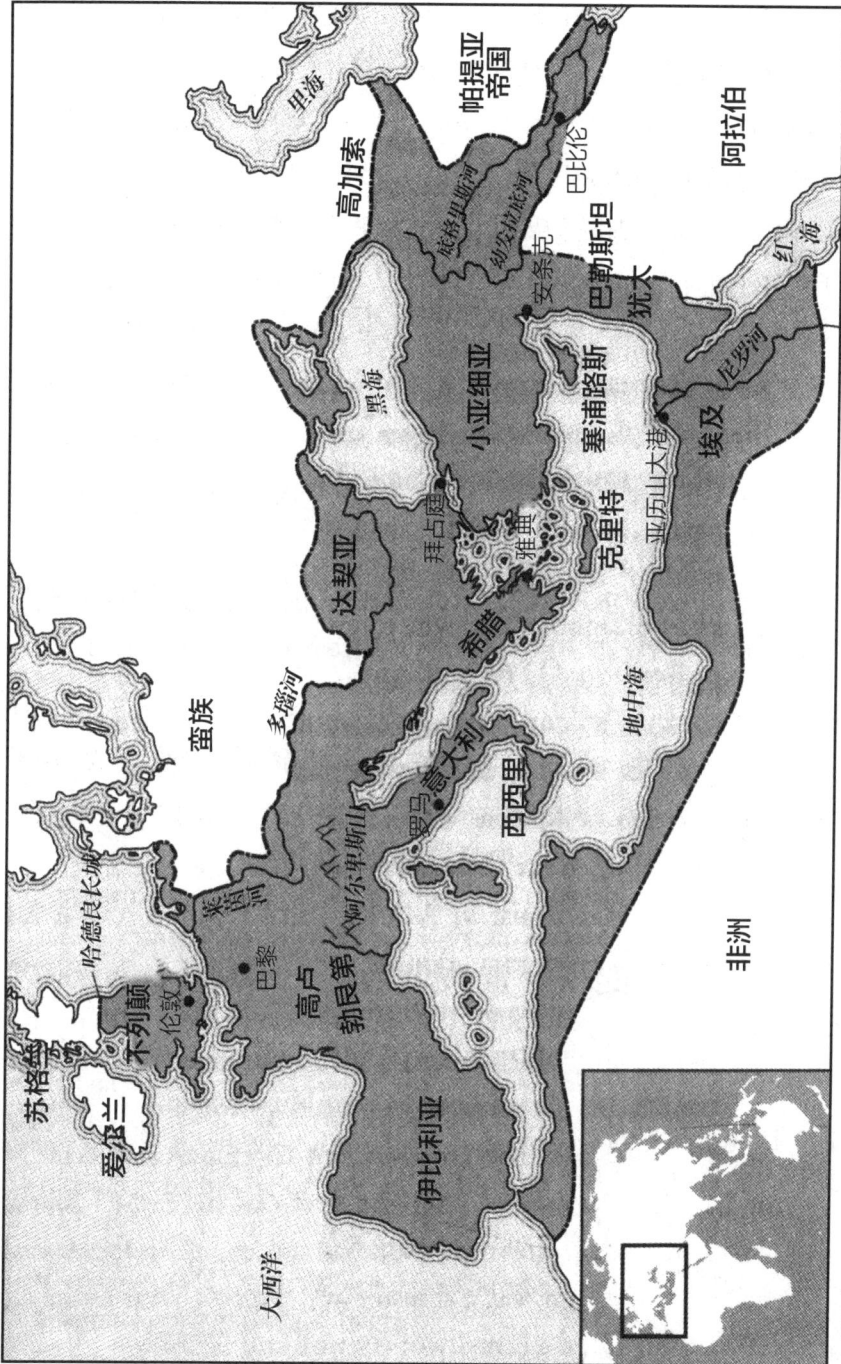

里海

帕提亚帝国

高加索

底格里斯河

幼发拉底河

巴比伦

阿拉伯

安条克

巴勒斯坦

犹太

红海

尼罗河

小亚细亚

塞浦路斯

埃及

黑海

亚历山大港

拜占庭

雅典

克里特

地中海

达契亚

希腊

多瑙河

蛮族

意大利

罗马

西西里

阿尔卑斯山

莱茵河

高卢

非洲

哈德良长城

苏格兰

爱尔兰

不列颠

伦敦

巴黎

日耳曼

勃艮第

伊比利亚

大西洋

〈 罗马帝国（117 年前后）

所打消。再加上罗马最大的潜在敌人——东方的帕提亚也受困于政局动荡，罗马帝国因而维持了两个世纪的相对和平，其间仅仅发生过几次小规模动乱和战争。这一时期被称为"Pax Romana"（罗马和平），其间贸易活动非常兴隆。除了从非洲进口小麦，从高卢进口果酒，从伊比利亚进口橄榄油外，罗马还通过沿着丝绸之路而来的亚洲商队从阿拉伯、印度和中国进口香料与纺织品。

由于拥有辽阔的领土和多达5000万的人民，帝国的管理难度很大，需要经常寻找新的税源来支付运营成本。奥古斯都的幸运在于，新占领的埃及领土成了罗马帝国的新粮仓，从那里产出的财富和缴纳的税收源源不断地进入国库。长期的和平和贸易繁荣带来强劲的经济复苏，又从另一方面增加了税收。事实上，罗马国库的资金足以让奥古斯都启动一项大规模公共建设计划，并夸口说"罗马在我手里从一座砖城变成了大理石砌成的城市"①。

罗马的税基虽然扩大了，但税赋终究需要收入国库才有意义。确保税收的方法之一就是进行人口普查，确认在帝国境内生活的人数以及其中有能力纳税者。按照基督教的《新约圣经》（New Testament）所载，正是为了在一次这样的人口普查中登记注册，约瑟和他的妻子玛利亚才会来到犹太地区（位于今天以色列境内）的小城伯利恒（Bethlehem），并在那里产下了他们的儿子耶稣。

耶稣：基督教的诞生

耶稣生于公元前6年到公元前4年之间。我们对这个人从出生到开始传教的大约30年时间的经历知之甚少。耶稣开始传播关于爱与和平的教义是在犹太

---

① 引自罗马历史学家苏埃托尼乌斯（Suetonius）的著作。

地区被罗马占领军统治时期。他挑战了法利赛人长老的权威，被激怒的后者说服罗马占领军以渎神的罪名将他钉死在十字架上。根据《圣经》（Bible）的说法，他激怒他们的主要原因是他声称自己能够赦免人的罪孽，而长老们相信这是只有神才能做到的事[1]。

耶稣在犹太人中间吸引了许多追随者，一方面是由于他的教导，但另一方面是因为许多人相信他就是弥赛亚（Messiah）——《塔纳赫》中预言将会重临世间，解救苍生并开创和平时期的伟大领袖。耶稣在公元28-29年前后被钉死在十字架上，这对他的信徒来说是一场灾难。但是在他死后不久，许多信徒宣称他死而复生，并曾在自己面前现身。他的复活从此成为基督教信仰的基础。

在耶稣受刑身死之时，他的信徒只有一个犹太小教派的成员而已，还不时遭到罗马人迫害。但是到了公元380年，基督教却成了罗马的国教。今天，基督教是世界上的主要宗教之一，影响了全世界的司法和政治制度，也影响了我们现在使用的日历[2]（它就是以基督降生之年为纪元的）。

罗马的一些明君与昏君

罗马帝国曾由一系列皇帝统治，其中有的贤明，有的昏庸。罗马皇帝克劳狄一世（Clandius）在公元43年发动了对英格兰的大规模远征，成功地将大不列颠岛南部纳入罗马治下，并且维持了大约350年。罗马皇帝尼禄（Nero）杀害了自己的母亲和妻子，将公元64年的"罗马大火"归咎于基督徒，还毫不迟

---

① 《路加福音5:21》："文士和法利赛人就议论说，这说僭妄话的是谁？除了神以外，谁能赦罪呢？"

② 现在通用的纪年多年来都被写作BC（Before Christ，意即基督之前）和AD（Anno Domini，意即我主纪元），不过如今许多人用BCE（公元前）和CE（公元）来称呼同样的时期。这两种纪年是相同的。

疑地把他们抓起来喂狮子，最后因众叛亲离而自杀①。罗马皇帝提图斯（Titus）任内不得不应对一场可怕的瘟疫和维苏威火山在公元 79 年的大喷发，但他也成功兴建大竞技场并举办了为期 100 天的运动会。

公元 81 年提图斯去世，此后直到 2 世纪末，罗马皇帝一直采用养子继承制，而不是直接将皇位传给直系亲属。这种制度连续产生了多位贤明的皇帝，他们都使罗马避免了内战，并以不同方式推动罗马成为主导欧洲的强国。公元 180 年，鲁基乌斯·康茂德（Lucius Commodus）在其父马可·奥勒留（Marcus Aurelius）驾崩后登上皇位，成为自公元 79 年以来第一个以父子相继方式登基的皇帝。他的统治堪称一场灾难，在他于公元 192 年被刺杀后，罗马陷入了一个世纪的动荡和无政府状态。

罗马的衰落

公元 3 世纪中叶，罗马在短短 50 年内换了 20 多个皇帝，除其中一人外，他们不是战死沙场就是被觊觎皇位的政敌刺杀。一支支反叛的军队挑起的内战使国家山河破碎，缺乏强力领导人的罗马走到了崩溃边缘。在帝国停止扩张后，长期令帝国受益的战利品和奴隶来源也随之枯竭，此前一直维护着罗马强权的军队成了财政黑洞。此外，内战意味着众多士兵被从边境抽调至帝国腹地以防御内部叛军，这导致了边防空虚，给外敌带来可乘之机。此时，新兴的波斯萨珊王朝察觉到了邻国的虚弱，遂日益加深对它的威胁。

在帝国内部，偏远省份的驻军统帅日渐自行其是，对中央政府的敕令置若

---

① 史学家相信耶稣十二使徒中的彼得和保罗就是在他掌权时遇害的。

罔闻。为了解决这些问题，罗马皇帝瓦勒良（Valerian）把帝国分成一东一西两个管辖区。然而从许多方面来讲，这个举措力度太小，而且来得太晚；瓦勒良在公元260年率军东征，讨伐取代了帕提亚人的萨珊波斯，结果被他们的"万王之王"沙普尔一世（Shapur I）生擒活捉，最后死于狱中。据说在死前，他还一度被这位波斯国王当作上马的踏脚板使用。

所有的内战、征战和随后的部队驻防都需要高昂的成本，这迫使罗马皇帝们开始寻找新的收入来源。他们曾试图对自己管辖的土地征收更多税赋，然而这只会激起当地人对罗马占领的怨恨。罗马能够再度复兴要完全归功于罗马皇帝戴克里先（Diocletian）的英明领导，他在杀死一个争夺皇位的政敌后于公元284年被部下将士拥立为皇帝。戴克里先实施的改革结束了延续数十年的血腥战争和内乱。他仿效瓦勒良，将帝国划分为东西两部分，进一步稳定了国内政局。只是戴克里先或许没有料到，将帝国一分为二的做法将成为罗马最后毁灭的原因之一。

戴克里先原计划将皇位平稳交接给继承人，但是统治西罗马的奥古斯都之子君士坦丁（Constantine）在其父去世时拥兵自立，使戴克里先的计划彻底破产。公元312年，在帝国的又一次内战中，君士坦丁入侵意大利，与皇位的争夺者交战。在米尔维安大桥（Milvian Bridge）之战中击败对手后，君士坦丁宣称自己在战前曾看到天空中显现一个十字架，以及"以此印记，汝当破敌"的字样。一年后，君士坦丁颁布《米兰敕令》（Edict of Milan），宣布罗马帝国将包容一切宗教，包括由基督徒组成的宗教派别。

当内战再次爆发时，为了维持统治，君士坦丁在希腊古城拜占庭（Byzantium）的旧址以东兴建了一座新都城，并用自己的名字将它命名为君士坦丁堡（Constantinople）。位于欧洲和亚洲交界处的君士坦丁堡支配着帝国的东半部，成为此后1000年内全世界最伟大的城市之一，与此同时罗马城却日渐衰败，一蹶不振。

门口的野蛮人

　　罗马帝国面临的主要威胁并非来自波斯人，而是来自边境上开始蚕食罗马领土的蛮族部落，例如哥特人、汪达尔人和奄蔡人。罗马的传统做法是通过使部落首领受益来管理这些部落，也就是与其中一些部落进行贸易并压制另一些部落——尤其是在罗马人担心内部威胁的时候。蛮族战士也常常成为兵源①，被用于罗马人的对内和对外战斗。例如，有一个汪达尔人当上了罗马的将军，并在哥特人入侵时尽心尽力地保卫罗马。

　　让局势进一步恶化的是匈人的崛起，这些游牧民来自欧洲边缘与中国西部边境之间的欧亚大草原。匈人的西进是中国从公元 3 世纪末到公元 6 世纪末的 300 年战乱的结果，这段时间通常被称为"大分裂时代"。匈人侵入日耳曼各部落的领地，征服了其中一些部落，并将另一些部落赶至罗马帝国境内以寻求庇护。

　　公元 376 年，大量为逃避匈人的哥特人成群结队地出现在多瑙河（Danube）畔，恳求东罗马皇帝瓦伦斯（Valens）准许他们迁入罗马领土。瓦伦斯考虑到这些人有可能在对波斯人的战争中成为他的宝贵兵源，还能作为防御东方新入侵者的缓冲，便开恩准许他们在多瑙河附近的土地定居。但是他却遇到了一个难题：驻扎在邻近地区的罗马边防军对数量如此巨大的移民毫无准备，没有意愿或者没有能力与后者分享宝贵的粮食和军需品。因此罗马境内的蛮族士兵们日益深陷食不果腹的困境，终于在两年后起兵反抗。

　　东罗马皇帝瓦伦斯率领大军前来平叛，但是在距离君士坦丁堡不远的阿德里安堡（Adrianople），他的军队遭受了罗马帝国历史上最惨痛的失败之一，他本人也在此役中死于非命。哥特人击败罗马军队并杀死罗马皇帝的战绩打破了

---

① 按照惯例，罗马的敌人在被击败后都会进贡劳动力和粮食，并提供一定数量的青壮年在罗马军队中服役。

里海

萨珊波斯

底格里斯河

幼发拉底河

匈人

安条克

黑海

君士坦丁堡

东哥特人

阿德里安堡之战
378 年

耶路撒冷

尼罗河

埃及

东罗马帝国

地中海

哥特人

匈人

多瑙河

西哥特人

莱茵河

西哥特人

哥特人

罗马

盎格鲁－撒克逊人

西哥特人

汪达尔人

罗马

阿拉里克动掠罗马
410 年

西罗马帝国

汪达尔人

奄蔡人

大西洋

沙隆之战
451 年

汪达尔人

苏维汇人

大西洋

✕ 战场

〈 蛮族迁徙（376 年 –476 年）

× 战场

罗马军队的无敌神话，激励了另一些更可怕的日耳曼蛮族部落信心十足地进行扩张。

继承瓦伦斯皇位的狄奥多西一世（Theodosius）在阿德里安堡之败后试图割地求和，于是将位于当今保加利亚境内的大片土地划给了哥特人。然而，这位皇帝利用哥特人作为炮灰为自己征战，最终引火烧身。公元5世纪初，哥特人在自己的首领阿拉里克（Alaric）领导下起兵反叛杀入意大利，于公元410年将西方世界的心脏——罗马城洗劫一空①。

匈人也不甘落后，他们在自己的新首领阿提拉（Attila）激励下继续西进，直到公元451年才在深入高卢后被罗马人与哥特人的联军击败。阿提拉本人在几年后去世，争夺继承权的内斗毁灭了匈奴帝国，也使这一民族逐渐从历史上消失。

西罗马帝国的末日
（公元476年）

西罗马帝国勉强维持到了公元476年，这一年，驻防在意大利的日耳曼蛮族军队发生哗变，他们选举出一位哥特人指挥官奥多亚塞（Odoacer）作为国王。奥多亚塞不久废黜了西罗马皇帝罗慕路斯·奥古斯都路斯（Romulus Augustulus）并自封为意大利国王。西罗马帝国就这样走到了尽头，这最后的一幕与其说是轰隆一响不如说是噗哧一声。包括现代希腊、土耳其、埃及北部和

---

① 阿拉里克早在公元408年就威胁要劫掠罗马，罗马靠着许诺支付4000磅黄金才逃过一劫。后来由于没有收到赎金，哥特人就进城大抢了一通。

中东部分地区在内的东罗马帝国又维持了 1000 年，其间疆土逐渐萎缩，最终在公元 1453 年土耳其人攻陷君士坦丁堡时灭亡。

西罗马帝国的崩溃是多个原因造成的。由于扩张过度，它没有足够的兵员来保卫漫长的边境，而在有部队驻防的地方，要为部队补充给养、支付军饷和保持联络又困难重重，毕竟在那个年代世界上最快的交通方式就是骑马。从东方蜂拥而来的蛮族以及他们对土地的侵占使帝国失去了曾经用来供养军队的税收基础。即使抛开军队问题不谈，如此辽阔、在政治和文化方面极为多元化的疆域又要如何管理呢？最后，强力领导人的缺位引发了一系列内战，在 3 世纪尤为严重，帝国因此被掏空根基，边防力量也被削弱。

东罗马帝国得以延续不仅仅是因为它需要防守的边境比较短，还因为它的人口较多，土地也较富庶。再加上与东方的持续贸易，使得君士坦丁堡能获得更多税赋，有财力供养军队和管理帝国所需的公务员。

鼎盛时期的罗马帝国是当时世界上无可匹敌的大帝国。罗马人为了获取胜利是不择手段的，而且惯常将俘虏集体屠杀或是训练为角斗士供其公民取乐。而侥幸未死的俘虏则沦为奴隶，奴隶在当时帝国人口中占了相当大的比例。不过罗马也为列国纷争的世界带来了和平和秩序，它修建了用于调动军队的道路和为居民提供清水的引水沟渠，以及公共澡堂和其他各种设施。它的法律和行政管理系统为日后所有的西方国家政府管理奠定了基础。

中美洲的玛雅文明
（公元 300 年 – 公元 900 年）

在西方的罗马帝国走向衰亡之时，它的国民完全不知道，位于地球另一端的中美洲，另一个伟大的文明——玛雅文明，即将迎来它的黄金时代。

在崩溃的奥尔梅克文明基础上建立起来的玛雅文明是公元第一个千年的大

部分时间里最先进的中美洲文明。从未有一个领导人能将他们统一，他们建造了雄伟的石质建筑和构成许多城邦核心的金字塔形神庙，城邦的人口从数百到数万不等。其中最大的城市蒂卡尔（Tikal）甚至有可能居住了 10 万人之多。他们曾经对自己的邻人发动战争，通过折磨和献祭战俘来安抚或供养诸神，包括太阳神、月亮神和雨神等等。

玛雅人在没有使用任何科学仪器的情况下制定了多部精度奇高的历法。痴迷于计时的他们甚至能够预报日食。这些历法中有一部预言世界末日是在 2012 年 12 月 21 日，（幸亏这没有成真！）玛雅人自己的末日则出现在公元 900 年前后，由于人口过多、滥伐森林、干旱或战争等原因，玛雅社会迅速衰败，所有城市都被遗弃，并最终被雨林吞噬。

中世纪
早期

公元 500 年 – 公元 1000 年

第三章

黑暗时代

（公元 500 年 – 公元 800 年）

在欧洲，整个世纪在罗马衰落之后一直处于战乱、纷争、瘟疫、蒙昧和迷信之中——与中国在 3 世纪末经历的灾难不无相似之处。知识的流失、书面史料的缺乏和当时普遍的暴行使他们把这一时期戏称为"黑暗时代"。而历史学家则通常将其称为"中世纪早期"或"中古早期"。

一些古典时代的知识得以幸存主要应归功于依靠信徒捐款和占有土地而获得财源的基督教会。不仅罗马在公元 380 年正式认可基督教为国教，而且许多日耳曼部落因为被该教关于和平的许诺所吸引，也集体皈依了它，哪怕只是名义上的。

在 5 世纪初，当阿拉里克进攻罗马时，大不列颠岛上的众多部落在历经 3 个多世纪的异族统治之后，群起反抗罗马占领军，将他们赶出了英格兰。在罗马人退出之后，来自今天德国北部和丹麦的撒克逊人、盎格鲁人、朱特人和其他部落又席卷了该岛。这些部落民取代了当地的土著居民，成为占据统治地位的社会精英，后来形成了盎格鲁 – 撒克逊民族。他们的语言与当地的语言经过融合，成为今天的英语。

在欧洲大陆上，最初由分散自治的小单元组成，而非大型族群的日耳曼部落最终成长到一定规模，具备了足以管理大片区域和征服其邻人的实力。到了公元 500 年，西罗马帝国的原有领土上出现了一系列继业者王国。汪达尔人在曾被罗马人占领的非洲北部建立了一个王国，西哥特人则接管了高卢西南部和伊比利亚半岛大部，勃艮第人在高卢东南部定居，而法兰克人在高卢北部定居，盎格鲁 – 撒克逊人占据不列颠，阿勒曼尼人占据东欧，东哥特人占据意大利。

最终，法兰克人在中世纪早期的西欧发展成为西罗马帝国故土上最强盛的继业者王国。在其国王克洛维一世（Clovis）的领导下，他们先是推翻了罗马的最后一任高卢总督，然后统一了大半个高卢。法兰克人还把西哥特人赶到比利牛斯山脉（Pyrenees）以南，并开创了新的王朝——墨洛温王朝（Merovingians）。直到公元511年克洛维去世时，高卢的蛮族部落已经整合为具有超强实力的法兰克国家。

拜占庭：东方帝国

随着西罗马帝国覆灭，君士坦丁堡成为文明世界的中心，而罗马在占据领导地位几个世纪后，其影响力已经基本无法辐射到意大利以外。虽然宫廷中使用的主要语言是希腊语，而非拉丁语，但东方的皇帝还是自称为罗马皇帝，君士坦丁堡的公民也自认是罗马人。只不过东罗马帝国是独立于西欧发展的，它的文化既混合了罗马与希腊传统，也受到了波斯和阿拉伯的影响。它的教会逐渐拒绝承认罗马的权威，转而以君士坦丁堡牧首（即宗主教，是基督教的主教称号）为尊，最终在1054年与西方教会彻底决裂，成为希腊正教会。

直到16和17世纪才被历史学家冠名为"拜占庭帝国"的东罗马帝国在此后的数百年里控制着相当广阔的区域。当西方的城市人口逐年萎缩，罗马人修建的引水渠道和雄伟建筑遭到废弃并沦为建筑石料的来源时，东方的帝国却实现了扩张。

在6世纪，东罗马皇帝查士丁尼一世（Justinian）试图通过征伐意大利、非洲沿岸和西班牙各地来复兴罗马帝国，并且取得了相当大的成功。到了公元542年，帝国的疆域在历经两个多世纪开拓的基础上进一步扩大。查士丁尼还推行了包括全面修订罗马各项法律在内的司法改革，并开工兴建了一些大型工程，其中就有屹立于今天的伊斯坦布尔的著名教堂——圣索菲亚大教堂（后来曾被改作清真寺，而如今已成为博物馆）。

6世纪40年代初，一场灾难性的腺鼠疫爆发标志着一个辉煌时代的结束，

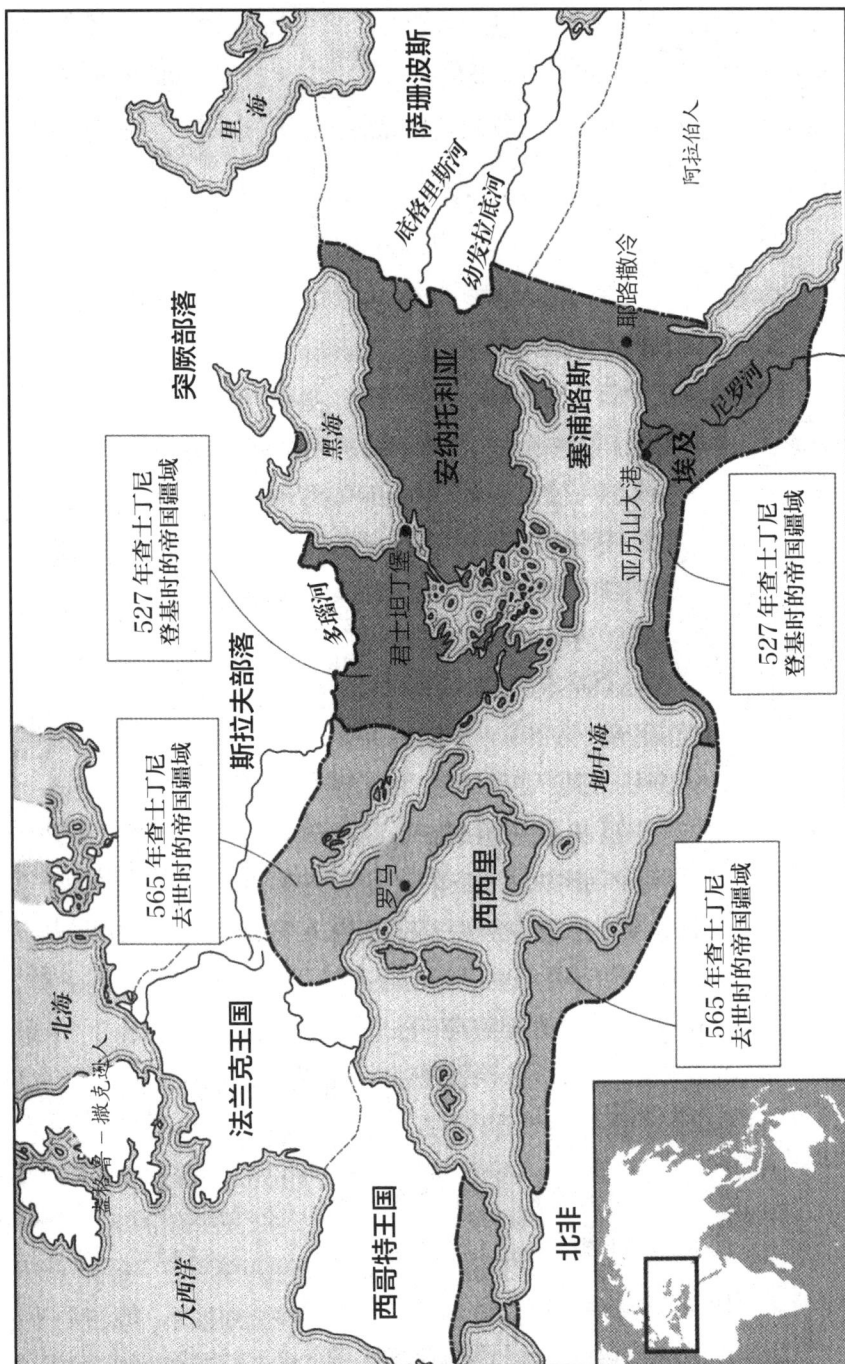

∧ 查士丁尼去世时的拜占庭帝国（565 年前后）

帝国的人口也因此严重折损，一些城市区域的居民死亡率高达50%。查士丁尼本人是感染瘟疫后存活下来的少数幸运儿之一。一些历史学家相信，在此后200年里又多次爆发的瘟疫总共夺去了多达1亿人的生命。

除了被瘟疫和在西方的过度扩张所削弱外，拜占庭还始终受到东方的萨珊波斯——唯一能与它匹敌的帝国威胁。在7世纪初期，这两个帝国之间的一系列战争把双方都打得民穷财尽。耗尽了国力的两个帝国面对逐渐入侵的犹太教徒都毫无招架之力。

倭马亚王朝的覆灭
（公元750年）

大概在同一时间，倭马亚王朝在大马士革也陷入了困境。随着帝国通过贸易和征战获得了巨大财富，大部分臣民生活日渐腐化堕落，并因此导致国内矛盾的激增。民间开始怨声载道，指责当权者将征服外敌得来的战利品都输入大马士革，而没有分发给真正在前线苦战的将士。最后，倭马亚王朝的统治权一直掌握在阿拉伯人手中，而伊斯兰教义却要求平等对待所有穆斯林。

这些涌动的暗流为非阿拉伯穆斯林和什叶派异见分子提供了煽动起义的大好良机，而倭马亚家族镇压起义的举动导致了他们的最终毁灭。在先知穆罕默德叔父的玄孙阿布·阿拔斯·萨法赫领导下，异见者揭竿而起，推举阿布·阿拔斯为哈里发。公元750年，阿布·阿拔斯邀请倭马亚家族的全体成员赴宴，然后对他们大开杀戒，只有某前哈里发的孙子阿卜杜拉赫曼一人幸免。阿卜杜拉赫曼经非洲逃至西班牙，击败了支持阿拔斯的安达卢斯总督，自立为埃米尔（统帅，阿拉伯语），并定都于科尔多瓦（Cordoba）。

早期的非洲帝国

从 7 世纪起，穆斯林还对非洲的大片领土进行了开拓，比欧洲人瓜分这片大陆的时代早了许多个世纪。对这片大陆的历史，我们受制于文字记录的缺乏而知之甚少。非洲没有可与罗马人和中国人建立的道路体系相比的主要交通基础设施，各个区域的历史差异巨大，而考古证据的缺乏又给我们制造了更多困难。但我们还是知道，迦太基的发展曾刺激了跨越沙漠进行的贸易，而在罗马人统治时期，这些贸易又有发展。罗马人根据一个居住在迦太基附近、名叫阿非利（Afri）的部落，将这片大陆命名为阿非利加（Africa）。

穆斯林大量引进了骆驼，帮助贸易进一步发展，并间接帮助了加纳[①]（Ghana）、马里（Mali）和桑海（Songhai）等西非大帝国在 7 世纪到 16 世纪之间成为地区强权。我们对 14 世纪时非洲国家的了解有很大一部分来自 14 世纪的著名探险家阿布·阿布杜拉·伊本·巴图塔（Abu Abdalla Ibn Battuta）的著作，他花费近30 年时间走遍了包括北非、印度、中亚、中国和中东在内的伊斯兰世界。

中国世纪
（公元 650 年 – 公元 750 年）

当欧洲被黑暗笼罩之时，中国文明已经处于世界领先位置。在公元 220 年汉朝崩溃之后，中国的大部分地区直到 581 年才被隋朝统一。虽然这个王朝很短暂，但它为中国历史上最持久的帝国之一并且也可能是中古世界最伟大的帝

---

① 位于今天的塞内加尔和毛里塔尼亚境内，而不是像其名称暗示的那样在今天的加纳境内。

国——唐朝（618 年 -907 年）的建立奠定了基础。

由于君主的开明和大臣的高效治理，再加上强大的军队降服了北方和西北方的邻国，中国一片繁荣昌盛。宫廷吸纳了中亚、中东和波斯的文化与宗教，外国游客和商队潮水般地涌入都城长安（在现代叫西安），使其迅速发展成为当时世界上最大的城市。艺术、文学和诗歌也同样取得了巨大进步，因而传统观念都将 8 世纪初视作中国历史上的黄金时代。也是在这一时期，茶奠定了它作为中国国民饮料的地位。

唐朝在经历了许多自然灾害之后，终于和在它之前的隋朝一样，变得越来越狭隘和分裂。最后陷入无政府状态，并彻底崩溃。

查理大帝
（公元 742 年 - 公元 814 年）

在西欧，法兰克王国在查理·马特的孙子卡尔大帝（Carolus Magnus）统治下达到鼎盛，此人更为人熟知的是他的高卢名字——查理大帝（Charlemagne）。公元 771 年，29 岁的他加冕成为法兰克人唯一的国王，很多人认为他是欧洲中世纪早期最伟大的国王，理由很充分：是他将法兰克的众多部落和西方的许多王国统一成了自罗马帝国以来欧洲最大的帝国，其疆域包括了今天的法国、德国、荷兰、比利时、瑞士、奥地利、波兰和意大利的大片领土。

查理大帝因为善待教皇而得到了很好的回报：在公元 800 年的圣诞节，不止一次得到法兰克人援助的教皇在罗马的圣伯多禄大殿（Saint Peter's Basilica）将查理大帝加冕为罗马皇帝。虽然查理大帝统治了 46 年，但是他的帝国很短暂：他的儿子们将帝国分成了三个部分，每个儿子各得一份，结果偌大的帝国分裂为众多封建邦国，而且边境上还有敌人虎视眈眈——南方是穆斯林，东方是斯拉夫人，北方则有维京人。

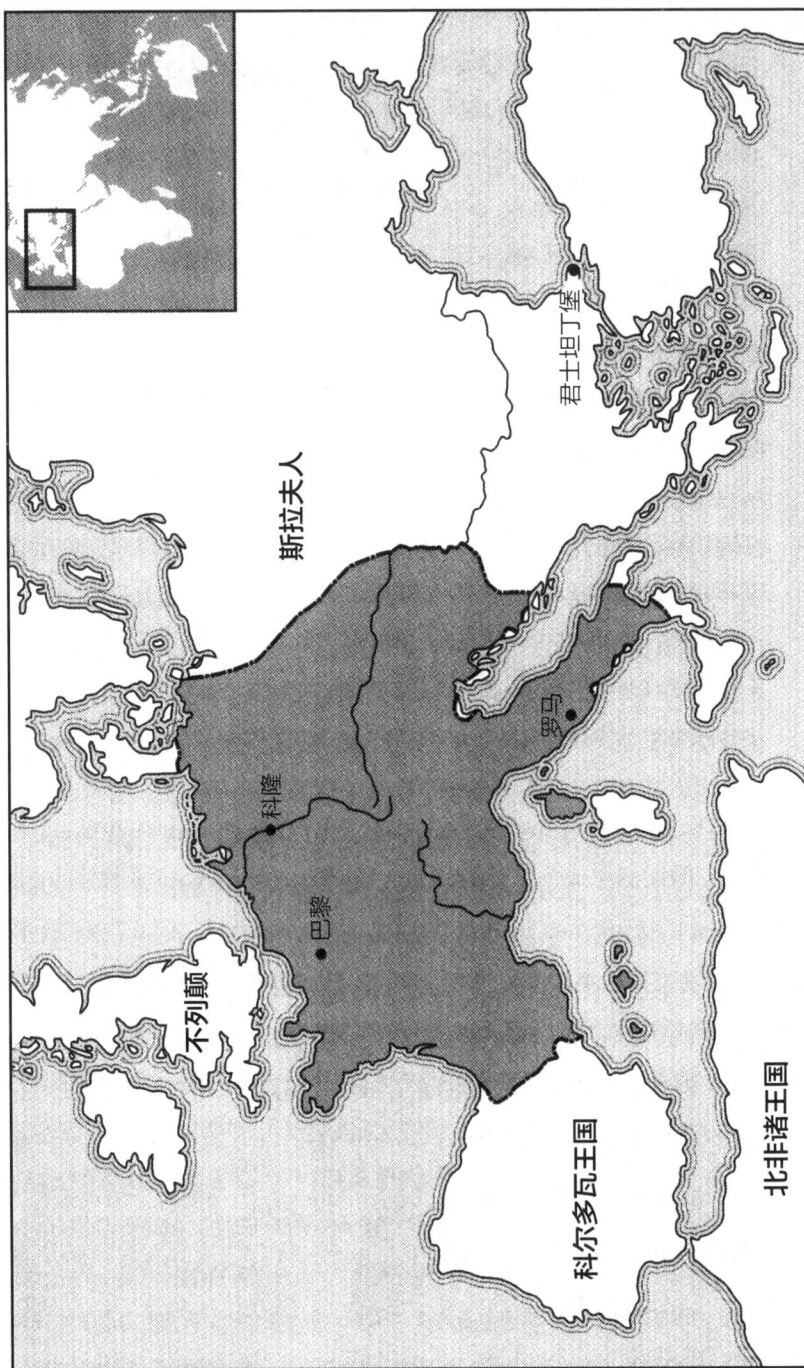

∧ 查理大帝的法兰克帝国（800 年前后）

斯拉夫人

君士坦丁堡

罗马

科隆

巴黎

不列颠

科尔多瓦王国

北非诸国

查理大帝的成就之一是重新唤醒了公众对于重建的和复兴的罗马帝国的认同。虽然他的直系继承人的所作所为配不上罗马皇帝的称号，但是教皇约翰十二世（John XII）在公元 962 年为德意志国王奥托一世（Otto I）加冕，标志着一个在此后 8 个世纪中绵延不断的皇帝世系的开端，它在名义上统治着包括今天德国大部和意大利一部的疆域。1157 年，腓特烈一世（Frederick I）为了彰显自己信仰捍卫者的身份，又给"罗马帝国"加上了"神圣"的前缀。

德意志的君主们通过由大大小小数以百计的独立实体结成的联盟进行统治，并始终保持着这个皇帝称号。在这些统治者家族中，最大的一个是奥地利的哈布斯堡家族（House of Habsburg），他们将这一称号从 1452 年保持到了 1806 年。18 世纪的启蒙思想家伏尔泰（Voltaire）在回顾这个帝国时曾恰如其分地评论说："它既不神圣，也不罗马，更非帝国。"

维京人和诺曼人的入侵
（公元 793 年 – 公元 1066 年）

公元 793 年，当查理大帝在欧洲竭尽所能统治他的庞大王国，阿拔斯王朝在东方兴旺发达之时，一群善于航海的战士——维京人——从斯堪的纳维亚出发，登上了英格兰东海岸附近的小岛林迪斯法恩（Lindisfarne）。他们将当地居民乱杀一通，又将修道院中的财物洗劫一空，然后扬长而去。这次事件标志着欧洲各地遭遇大量劫掠的开端，这种劫掠的规模和频率都将逐渐攀升。

维京人拥有的主要优势是突击性：他们的船只吃水很浅，因而与当时的其他海船相比，能够沿着河道渗透到更上游的地方。他们不仅是技艺精湛的水手，也是残酷无情的战士。

维京人还是冒险家、商人和殖民者，在旅游嗜好的驱使下，他们完成了令其他任何欧洲民族都望尘莫及的远航；发现了格陵兰岛和冰岛，甚至于公元

黑海

萨洛尼卡

伊庇鲁斯

西西里

匈牙利

布拉格

神圣罗马帝国

不莱梅

沃尔姆斯

萨尔茨堡

威尼斯

米兰

佛罗伦萨

罗马

西西里
王国

教皇国

科西嘉

撒丁

阿维尼翁

乌姆

阿拉贡

地中海

法兰西

英格兰

爱尔兰

大西洋

莱昂

卡斯蒂利亚

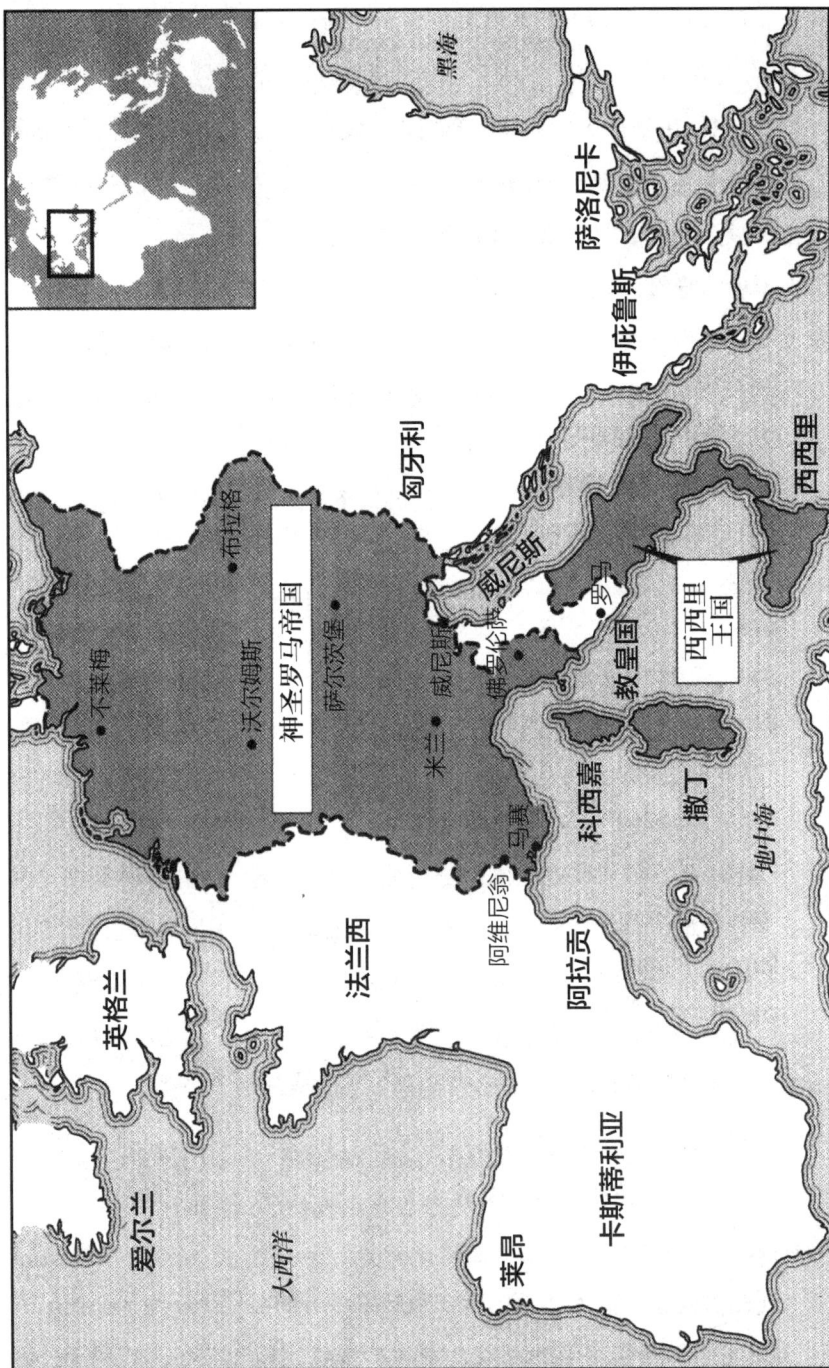

〈 神圣罗马帝国（1250 年前后）

1000 年前后在美洲东北海岸建立了一个短暂的定居点。这使得维京人先于哥伦布和他的部下，成为最早在美洲登陆的欧洲人。一般而言，从今天的丹麦和挪威出发西进的远航都是为了寻找劫掠对象和征服异族，而南下的航行——通常从今天的瑞典出发——则主要是为了贸易，恰好呈南北走向，波罗的海与里海及黑海联通的多条大河是他们南下的通道。

那些南下的维京人被阿拉伯人称为"罗斯人"，位于今天乌克兰境内的基辅城（Kiev）和位于今天俄罗斯境内的大诺夫哥罗德城（Great Novgorod）都是在他们的大力推动下建立的。围绕这些城市发展起来的贸易为俄罗斯民族的形成奠定了基础。基辅城在此后的两个世纪里都是基辅罗斯国的都城，它与君士坦丁堡的贸易往来为东正教在公元 988 年传入当地起了重要作用。

来自挪威的维京人在爱尔兰建立了一个诺斯人王国，数十年后，丹麦的征服者又在英格兰东部定居。法兰西也深受维京人袭扰之苦，以至于在公元 911 年，法兰克人向先前已经征服法兰西北部某些地区的维京人首领罗勒（Rollo）割让更多土地，目的是让他帮助抵御其他维京人的侵犯。这片土地后来更名为诺曼底（Normandy），1066 年，它成为罗勒的五世孙——征服者威廉（William the Conqueror）入侵英格兰的跳板。

虽然英格兰国王阿尔弗雷德①（Alfred）在 9 世纪为了保卫不列颠岛进行了英勇奋战，但是盎格鲁－撒克逊人贫弱的实力使丹麦国王克努特（Canute）得以在 11 世纪初期集丹麦、挪威和英格兰的王位于一身，建立起一个庞大的北方帝国；尽管如此，和大多数扩张过度的帝国一样，克努特的帝国也因为幅员太大而难以管理。1066 年，一支维京人的入侵大军在英王爱德华（Edward）死后试图入侵英格兰北部，结果在斯坦福桥之战（Battle of Stamford Bridge）中被击败后铩

---

① 阿尔弗雷德是唯一获得"大帝"尊号的英国国王。

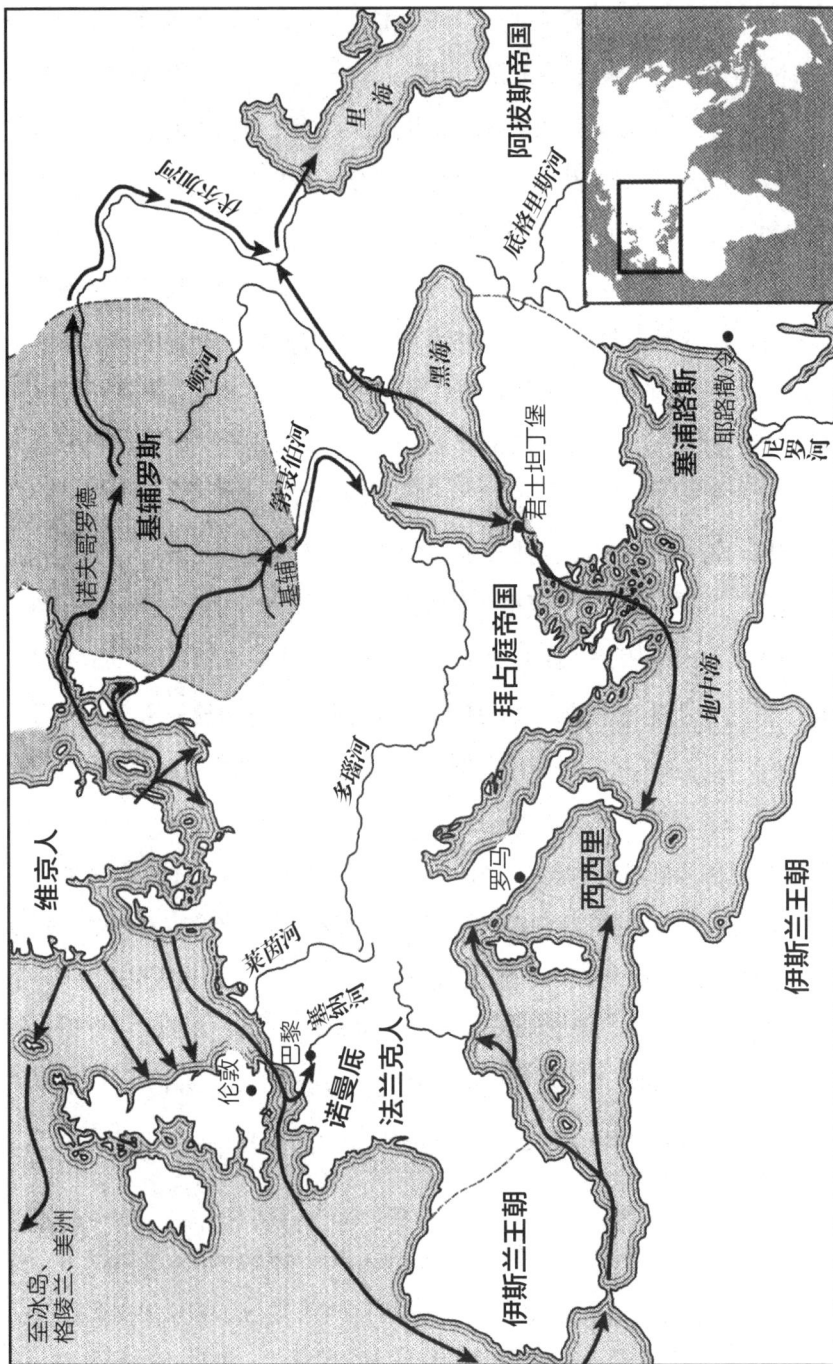

〈 维京人侵（8 世纪-12 世纪）〉

羽而归。

英格兰人遇到的难题是，就在他们为了抗击维京人入侵而打响斯坦福桥之战的同一个月，诺曼人也开始攻打英格兰南部。诺曼底公爵威廉是为了主张自己对英格兰王位的继承权而来的。继承爱德华王位的哈罗德（Harold）为了保卫大不列颠岛，不得不在击败丹麦人后急行军 300 多公里南下，和诺曼人在黑斯廷斯之战（Battle of Hastings）中交手。如果两场入侵不是发生在同一个月，英格兰人很可能会在此战中投入更强大的生力军，从而增加他们击退诺曼人的概率。然而事实是他们没有这个条件。结果哈罗德被一支飞箭射中眼睛后殒命沙场，英格兰人吞下失败的苦果，一场只有数千人参加的战役改变了英国历史的走向，也为诺曼底公爵赢得了"征服者威廉"的名号。需要指出的是，1066 年的这一仗是迄今为止英格兰人最后一次在自己的土地上与欧洲的敌人交战。

诺曼人从此主宰着英格兰，并且在全国各地建造了众多城堡用于统治。但他们并未得人心：毕竟，他们说的是法语，遵从的是法兰克人和维京人的习俗，还圈占了大片肥沃的土地用于田猎。但是在欧洲大陆上，他们赫赫有名的作战本领使他们赢得了所有想要雇人作战的统治者的青睐。例如，教皇曾经为了解放西西里岛和意大利南部而花钱雇佣他们，结果产生了一个统治西西里并传承数代的诺曼人王国。

中世纪
晚期

公元 1000 年 – 公元 1450 年

第四章

阿拉伯帝国面临的挑战

　　阿拔斯王朝的黄金时代并未持续很久。宫廷奢靡的作风和对伊斯兰逊尼派的包容引发了许多矛盾：因为阿拔斯家族是靠着许多什叶派穆斯林的支持才成功夺权的，因此许多原本忠诚的追随者与当局逐渐疏远，多个地方性的权力中心随之崛起，最终开始挑战哈里发的权威。

　　在亲人被斩尽杀绝后逃到西班牙的倭马亚王子所代表的并非是唯一对哈里发不再抱幻想的派别。许多认为阿拔斯家族是篡位者的什叶派穆斯林出走北非，建立起与其敌对的王国。这些什叶派中最著名的就是法蒂玛家族，号称是穆罕穆德之女法蒂玛（Fatima）的后裔。他们在公元910年自立哈里发与阿拔斯家族分庭抗礼，并在公元969年征服埃及，建立开罗城（Cairo）作为都城，统治着北非的大部分地区。

　　到了11世纪，法蒂玛王朝的实力已经超过巴格达的阿拔斯王朝，但是他们对巴勒斯坦和叙利亚的逐步侵犯使他们与塞尔柱突厥人和入侵的欧洲十字军都发生了直接冲突，最终导致了他们的毁灭。

　　塞尔柱突厥人在11世纪从中亚大草原迁徙到波斯，随后进入阿拔斯王朝的领地定居并皈依伊斯兰教逊尼派。在察觉到阿拔斯王朝的虚弱之后，他们于1055年控制了巴格达，接着又在短短20年内从拜占庭帝国手中夺取了大半个小亚细亚，并按阿拉伯语中对罗马的称呼将其命名为"独立鲁姆苏丹国"[1]（Independent Sultanate of Rum）。这成为突厥人在小亚细亚的第一个永久定居地，并且人们普遍认为这是伊斯兰教在土耳其——突厥人之地的发端[2]。

---

　　① 塞尔柱突厥人的首领获得阿拔斯王朝哈里发授予的"苏丹"称号，成为最早使用该称号的穆斯林统治者。
　　② 塞尔柱突厥人还征服了什叶派的法蒂玛王朝统治下的叙利亚和巴勒斯坦。

欧洲的教会大分裂
（公元 1054 年）

在塞尔柱突厥人征服小亚细亚的同时，欧洲自身却陷入了宗教分裂的漩涡。在中世纪早期的大部分时间，罗马的教皇和君士坦丁堡的大牧首分别管辖着各自的教区，相互之间仍保持联系，只不过比以前要少。随着岁月流逝，产生了一些并不重要的分歧（例如神职人员是否应该蓄须之类看似鸡毛蒜皮的争执），导致两个教会开始疏远，但真正在两者之间造成较深裂痕的是两个问题：其一是罗马教皇相对于罗马公教会中其他所有主教的至高地位受到了东方的希腊正教会的挑战，另一个问题则涉及圣灵在基督教圣父、圣子、圣灵三位一体理论中的重要性和地位。

两大教会之间日渐增加的误会和相互疏远又因为文化和语言的差异不断加剧。到了 1054 年，事情终于闹到不可收拾的地步，罗马的教皇和君士坦丁堡的大牧首分别宣布开除对方的教籍。从此以后，欧洲尚存的教会正式分裂为西方的罗马公教（天主教）和东方的希腊正教（东正教）。虽然有人在不同时期做过和解的努力——特别是在 14 和 15 世纪土耳其人扩张期间——但都没有成功。

西方的教会自身也遇到了麻烦：西欧新登基的国王们很快就发现控制教会可以为他们带来财富。不仅如此，在迷信横行的社会里，教会是与世俗统治者相对立的，因此也成为西欧的国王们希望控制的权力基础。当新成立而且明显实力占优的德意志罗马帝国的皇帝们开始任命教会中的高层人士时，教会立刻做出反应：明确表示只有教廷才有权任命主教和修道院院长。

为了惩罚敢于挑战自己权威的德意志皇帝亨利四世（Henry IV），教皇宣布开除他的教籍。之后一个离奇的历史时期开始了：亨利挑选了另一个教皇，而亨利的敌人们则选出了另一个皇帝。当亨利四世发兵攻打罗马时，教皇向诺曼人求援，结果后者反而洗劫了罗马！皇帝和教皇直到 1122 年才和解，双方最终达成协议：虽然皇帝不能任命主教，但他可以保留向主教授予土地的权力。整个事件史称"叙任权斗争"。

十字军

（公元 1096 年 – 公元 1291 年）

来自东方的塞尔柱突厥人步步进逼，不仅威胁到信徒前往圣地朝圣的路线，也威胁到了基督教世界本身，到了 11 世纪中叶，他们已成为欧洲人的心腹大患。事实上，君士坦丁堡的皇帝们曾多次恳求教皇协助他们对抗东方的异教徒。罗马的教廷从中看到了一举两得的良机：不仅可以趁机展示其正日益受到挑战的权威，还可以弥合罗马公教与东正教的裂痕。

于是在 1095 年，教皇乌尔班二世（Urban II）号召发起"圣战"，从异教徒手中解放耶路撒冷。为了鼓励人们参与，他甚至许诺赦免战士们的罪孽。于是从希望自身灵魂得救的平民到渴望冒险、财富和土地的权贵（他们也关心自己的灵魂能否得救），数以万计的欧洲人拿起武器向东方进军。

最早出发的是一支由农民组成的大军，他们沿途劫掠中欧并屠杀了成千上万的犹太人，给自己的历史留下了严重的污点。最后只有少数人到达尼西亚（Nicaea），并在那里被突厥人打得落花流水。但是在同一年，由著名的贵族和职业军人率领的军容更严整的部队抵达君士坦丁堡，随后向耶路撒冷进发，沿途血洗了塞尔柱突厥人的尼西亚城和安条克（Antioch）城。

埃及的法蒂玛王朝得知安条克陷落后，立刻发兵攻入巴勒斯坦，占领了伯利恒。对十字军来说幸运的是，塞尔柱突厥人和法蒂玛王朝是不共戴天的仇敌，这意味着他们会把更多时间用来互斗，而不是加强耶路撒冷的守备。因此在 1099 年，十字军进入伯利恒城后不久，耶路撒冷就落入法国和诺曼骑士组成的入侵大军之手。城中大部分居民遭到无情屠杀，无论他们信仰的是什么宗教。

在此后的若干年中，十字军在"伊斯兰之家"的心脏地带建立了四个十字军国家，并修建了一些巨大的堡垒用于自卫，其中有些至今仍屹立在当地。这些国家被统称为"Outremer"，源于法语中表示"海外"的单词，因为参与第一次十字军东征的大部分骑士是法国人或诺曼人。

　　大多数十字军战士在履行誓言后衣锦还乡，这导致各个十字军国家的守备力量相对空虚。圣殿骑士团（Knights Templar）的成立使这个问题得到部分解决，这个军事组织的建立初衷就是为了保卫十字军国家和任何希望造访重回基督徒之手的耶路撒冷的朝圣者。但是，虽然他们尽了最大努力，还是没能保住其中一个十字军国家（埃泽萨），它在 1144 年被土耳其人占领。这一事件导致西方又发动一次旨在收复失地的十字军东征，领军的是法兰西国王路易七世（Louis VII）和德意志国王康拉德三世（Conrad III），结果惨遭失败。

　　到了 12 世纪末，十字军战士们面临的形势更加恶化。此时包括埃及、叙利亚和北非大片领土在内的穆斯林世界被统一在逊尼派穆斯林优素福·本·阿尤布（Yusuf ibn Ayyub）的领导下，此人日后将以"萨拉丁"（Salah al-Din，意即信仰整肃者）之名被载入史册。萨拉丁建立了自己的王朝，即阿尤布王朝[①]。他矢志从十字军统治下夺回圣地，此后率大军横扫各个十字军国家，攻克一座又一座城池，最终在 1187 年使耶路撒冷城重新回到穆斯林手中。在耶路撒冷围城战中，萨拉丁放了城中居民一条生路，与大约 90 年前基督徒的做法形成鲜明对比，因而赢得美名。

　　耶路撒冷的失陷震动欧洲，教皇格列高利八世（Gregory VIII）立刻号召发动第三次十字军东征，这一壮举得到德意志皇帝"红胡子"腓特烈一世（Frederick Barbarossa）、英格兰国王理查一世[②]（Richard I）和法兰西国王腓力二世（Philip II）的热烈响应。但是这一次十字军东征却毁于内部纷争和坏运气；腓特烈一世意外在河中溺死，他的大部分军队随即打道回府；腓力二世在与理查一世争吵后也班师回朝，而理查虽然攻至耶路撒冷城下，却被圣殿骑士团的骑士们告知：即使他成功拿下这座城池，也没有足够的兵力来守住它。

[①] 法蒂玛王朝就是在萨拉丁手中终结的。
[②] 理查在第三次十字军东征中的勇猛表现为他赢得了"狮心王"的雅号。

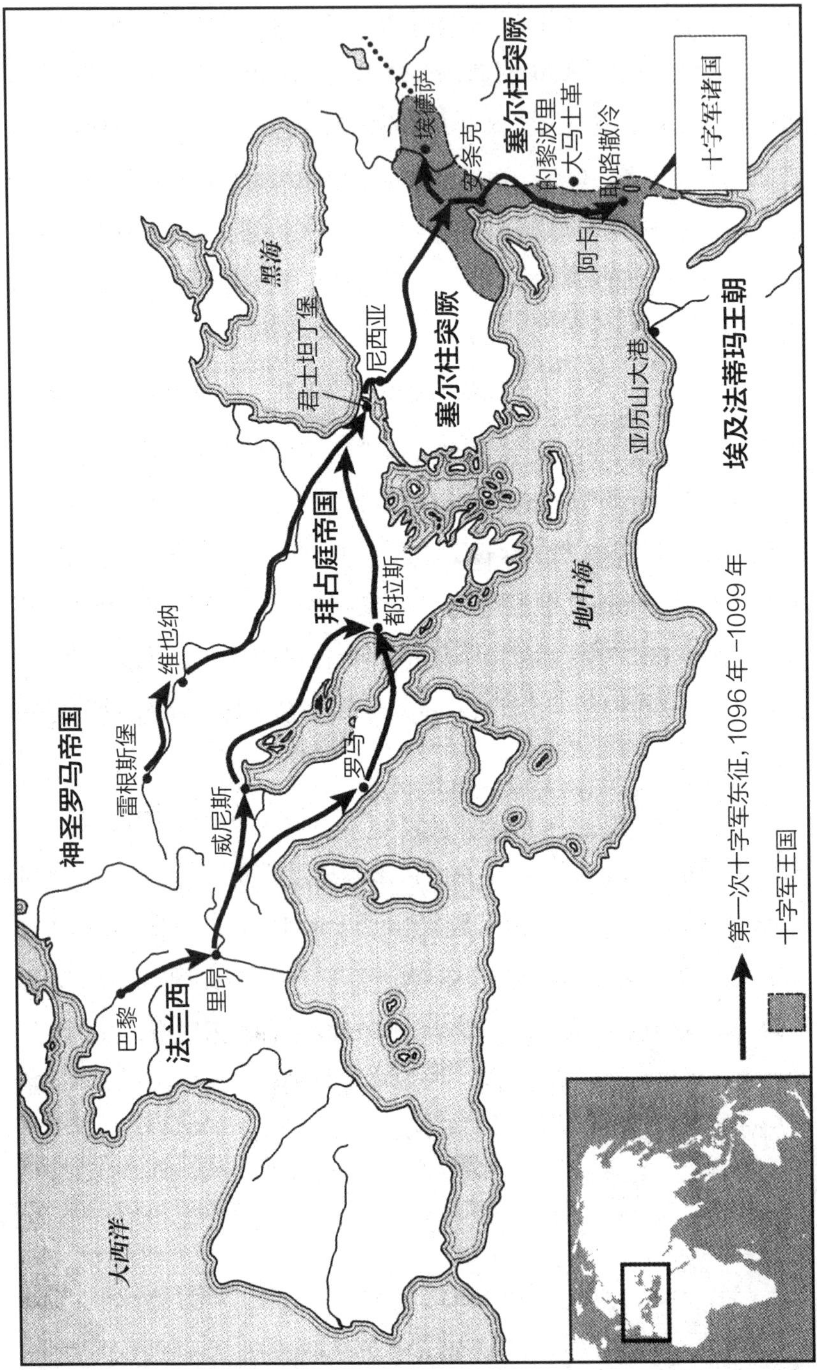

神圣罗马帝国
巴黎
法兰西
里昂
雷根斯堡
维也纳
威尼斯
罗马
都拉斯
拜占庭帝国
君士坦丁堡
尼西亚
黑海
塞尔柱突厥
塞尔柱突厥
安条克
埃德萨
的黎波里
大马士革
耶路撒冷
阿卡
十字军诸国
亚历山大港
埃及法蒂玛王朝
地中海
大西洋
第一次十字军东征，1096 年 –1099 年
十字军王国

< 第一次十字军东征（1096 年 –1099 年）

这些事件促使理查决定返回英格兰去应对他弟弟约翰（John）的威胁，因为在东征期间他将王位暂时交给后者代理①。但是在离开圣地之前，理查与萨拉丁缔结了和平条约，允许十字军国家保留其大部分土地；基督教的朝圣者也被允许进入耶路撒冷，但这座城市本身仍将在穆斯林控制之下。

1203 年到 1204 年，欧洲为了解放耶路撒冷再度发起十字军东征，结果十字军战士们又一次玷污了自己的名声。在大军前往耶路撒冷的路上，被废黜的拜占庭皇帝的儿子请求他们帮助自己夺回君士坦丁堡的皇位，并许以重金酬谢。但此人之后食言，于是，盛怒的十字军战士们在君士坦丁堡横冲直撞，大肆烧杀掳掠，从而使罗马教会和希腊教会之间一切和解的希望都宣告破灭。

此后的数百年间欧洲又发动了多次十字军东征，其中一次曾使耶路撒冷被占领 15 年之久，但是欧洲人对十字军的耐心最终还是耗尽了。1261 年，拜占庭皇帝将十字军逐出了君士坦丁堡。不过到了这个时候，拜占庭帝国的领土已经只剩原先版图的一小部分，仅仅包括希腊一部和今天土耳其的西北部分。最初的十字军则继续龟缩于他们为了自卫而在叙利亚和巴勒斯坦境内修建的堡垒中，直到最后一个堡垒在 1291 年落入马穆鲁克大军之手。

马穆鲁克：奴隶建立的国家
（公元 1250 年 – 公元 1517 年）

"马穆鲁克"（Mamluk）在阿拉伯语中就是"奴隶"的意思，这一群体最初出现在阿拔斯王朝。在 9 世纪阿拔斯王朝衰落时期，君主们对侍卫近

---

① 1199 年理查死后约翰继位，但他的统治实在不得人心，最终在 1215 年被迫签署《大宪章》。由国王签字的《大宪章》是一份重要文件，表明国王同意不再随心所欲地治国。它后来成为公民权利的基础。

臣的忠诚度不放心，同时又害怕相邻的拜占庭帝国，于是建立了一支只忠于他们本人的军队。建军的方式是从被奴役的非穆斯林家庭抢走男孩，将他们培养为信仰逊尼派教义的战士，然后让他们在王朝中任职。这些奴隶战士的权力后来逐渐扩大，最终成为中世纪阿拉伯世界中的一支重要力量，在1250年推翻了萨拉丁留下的阿尤布王朝[1]，并很快将势力扩展到巴勒斯坦和叙利亚[2]。

虽然十字军被赶出了圣地，但是他们的行动为西方带来了很多利益。"十字军东征虽然最终失败，但无论如何，十字军使拉丁世界近距离接触到东方阿拉伯的先进科学技术，产生了巨大的收益。"[3]十字军战士带回家乡的技艺之一就是石雕，这种本领在12和13世纪欧洲各地众多雄伟壮丽的教堂建造工程中发挥了巨大作用。十字军造成的另一个重大影响是在经济上：他们打通了古老的中东和亚洲与西方的联系，刺激了欧洲人对亚洲奢侈品的需求，使威尼斯（Venice）和热那亚（Genoa）成为繁荣的贸易中心。它的重要意义在于为后来的经济繁荣打下基础，推动了欧洲的文艺复兴。

在圣地陷入战乱漩涡之时，欧洲却享受了一段时间的和平：农业的进步意味着生产力得到发展，供养社会所需的农民人数比以前减少。更多的人移居到城镇中，贸易因此大大发展。但是这一切良好的发展势头都在13世纪被打断，因为欧洲和中东遭到了来自东方的新一批嗜血武士的蹂躏，他们就是蒙古人。

---

① 具有讽刺意味的是，阿尤布王朝开了将大批马穆鲁克带到埃及的先河。
② 这些地方最终被另一支突厥大军——奥斯曼土耳其人在1517年攻下。
③ 出自英国布鲁姆伯利出版社出版的由乔纳森·莱昂斯著作的《智慧宫》（*The House of Wisdom*）一书。

蒙古人和成吉思汗
（13 世纪 –15 世纪）

　　蒙古人原本是居住在中国北方的游牧部落，但是到了 12 世纪末，各部落逐渐联合起来。他们的首领之一铁木真展现出了惊人的军事才能，以至于在 1206 年，42 岁的他被尊称为"成吉思汗"，意即拥有四海的统治者。

　　在他的领导下，蒙古铁骑从大草原呼啸而出，瞬间恐怖笼罩了大半个亚洲。我们并不清楚他们向西进军的原因，可能是气候变化迫使他们为自己的牲畜寻找新的牧场，也可能只是因为他们在统一以后能够把更多的时间和精力用于对外冒险而不是自相残杀。毕竟，"成吉思汗对蒙古人做到了穆罕默德曾对阿拉伯人做到的事：使他们团结起来"[1]。

　　要解释他们的成功原因也许还稍微容易一点。他们对付的是一个分裂的中国、没有一名领袖能够召集大军的中亚、江河日下的阿拔斯王朝，以及作为俄罗斯前身的一盘散沙的城邦国家。事实上，整个世界正等着他们去攫取。凭借快如闪电的机动性、出神入化的骑术和纪律严明的军事机器，蒙古人取得了巨大的成功。到了大约一个世纪后的忽必烈时代，他们已经成功控制了几乎整个亚洲大陆。

　　成吉思汗卒于 1227 年，享年约 65 岁。在他的后裔统治下，蒙古人占领了整个中国北方，席卷了基辅罗斯的大片领土，并在这一过程中摧毁了大多数大城市。接着他们又征服了塞尔柱突厥人[2]，然后向西挺进到波兰和匈牙利境内。

　　1241 年 12 月，当蒙古人渡过多瑙河并逼近维也纳（Vienna）时，却出人意料地撤退了。在欧洲人看来这是一个奇迹，但蒙古人的撤退并不是神灵干预的

---

[1] 出自牛津出版社出版的由安东尼·帕格顿著作的《战争中的世界》（*Worlds at War*）。
[2] 塞尔柱突厥人成为蒙古人的附庸，到了 14 世纪，他们的势力已经烟消云散。

太平洋

成吉思汗的入侵路线

后来的蒙古入侵路线

日本

朝鲜

大汗国（元朝）

哈剌和林

北京

钦察汗国

察合台汗国

印度

巴格达

麦加

阿拉伯湾

印度洋

埃及

伊儿汗国

非洲

大西洋

太平洋

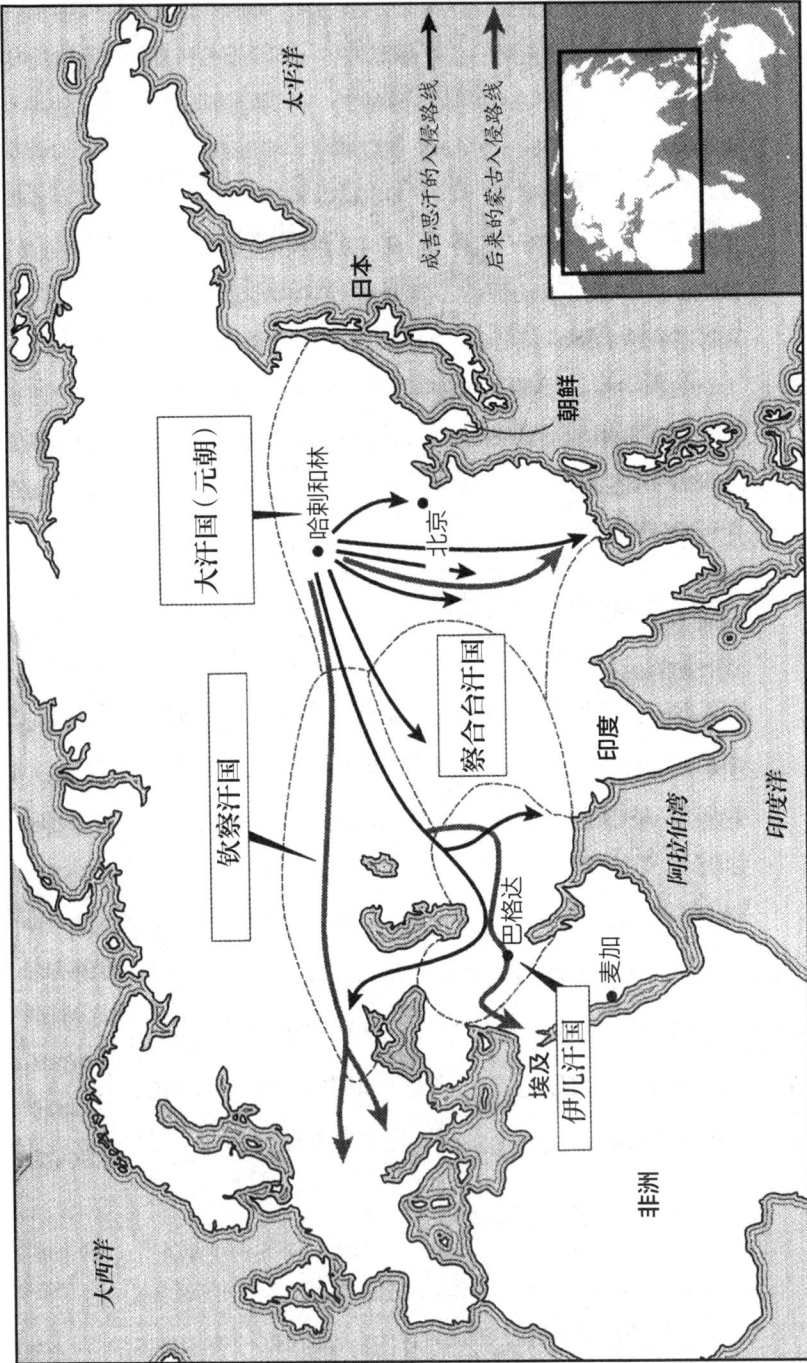

〈 蒙古人入侵和蒙古帝国（13 世纪）

结果。他们撤兵是因为成吉思汗之子窝阔台病逝，而窝阔台是在成吉思汗死后继位的大汗。在群龙无首的情况下，蒙古贵族要求前线将士返回家乡，以确认新的继承人。经过窝阔台的一个儿子的短暂统治后，1251年，大汗之位传给了成吉思汗的另一个孙子蒙哥。蒙哥继续推行侵略中国的政策，同时派他的弟弟旭烈兀率军西征，以征服阿拔斯王朝。

1258年，旭烈兀驰入当时已在塞尔柱突厥人控制下的巴格达，然后纵兵屠城。一些资料显示，估计有多达80万穆斯林惨遭屠杀，其中包括阿拔斯王朝的末代哈里发。此时，这位哈里发的权力已经远远不如其祖先，他被裹进毯子里，遭乱马活活踏死。蒙古人还肆无忌惮地破坏所到之处的文化，将他们历经几个世纪积累起来的各种宝贵的学术和文艺典籍或纵火焚毁，或丢进底格里斯河。伊拉克作为权力和文化中心的时代终于告一段落，开罗取而代之，成为伊斯兰世界的中心，直到1453年基督徒的君士坦丁堡落入土耳其人之手为止。

西方再一次奇迹般地逃过了看似已不可避免的毁灭，这一次是因为大汗蒙哥之死，他在1259年入侵中国的一座城池（今重庆合川区钓鱼城）时意外身亡。旭烈兀不得不撤兵归国参与权力之争，他留在西方的一支偏师则被马穆鲁克军队彻底击败。

忽必烈
（公元 1215 年 – 公元 1294 年）

继蒙哥之后被推举为蒙古人首领的是忽必烈。虽然理论上他统治着有史以来最庞大的大陆帝国，但此时，蒙古帝国已经被分成4片区域，分封给成吉思汗的4个儿子。这些区域实际上已经成为独立的帝国（称为"汗国"），各由一名可汗统治，都在追求着各自的利益和目标。

其中最大的汗国由忽必烈统治，他完成了对中国的征服，彻底灭亡了统治中

国剩余地区的宋王朝；第二个汗国是察合台汗国，由中亚的大片区域组成；第三
个汗国位于亚洲西南部，是由旭烈兀建立的伊儿汗国，统治着波斯和中亚[①]；第
四个也是最持久的一个汗国是钦察汗国，又称"金帐汗国"，它的疆域包括俄罗
斯大部、波兰和匈牙利。

忽必烈将蒙古帝国的都城从位于蒙古的哈剌和林（Karakorum）搬迁到位于
中国北方的北京。在统一了整个中国南方后，忽必烈在自己的一长串称号中加
上了"中国皇帝"，甚至采用了一个中国式的王朝名称——"元"。元王朝统
治了中国100年左右。

为了进一步扩张自己的领土，忽必烈在1274年和1281年两次对日本发动
大规模进攻，但是两次都被可怕的风暴所阻碍。日本人相信这些风暴是由天神
送来保护他们的，因此将其称作"神风"。

中国之外的其他汗国逐渐开始忽视大汗的要求并实行自治，部分原因是他
们觉得东方的大汗国背弃了自身的蒙古传统，变得过于中国化。在蒙哥大汗死后，
发生于1260年前后的分裂和继承权争夺预示着统一的蒙古帝国的终结，而忽必
烈也最终成为保有蒙古大汗称号的最后一人。

莫斯科的崛起

在俄罗斯，金帐汗国的蒙古可汗借助向其朝贡的地方贵族统治着原基辅罗
斯的土地。原本无足轻重的贸易前哨站莫斯科（Moscow）靠着协助蒙古人收取

[①] 察合台汗国一直稳定发展，直到后来帖木儿崛起并摧毁了它的霸权。在帖木儿死后，察合台汗国作为一个小
国存续，直到18世纪被中国的清王朝兼并为止。波斯的伊儿汗国由旭烈兀在1260年建立，它只存在了很短的时间，
就瓦解为多个继任者国家，这些国家的蒙古统治阶级最终接受了伊斯兰教，并被波斯和伊拉克的土著同化。

贡品，在 13 世纪末 14 世纪初开始兴旺发达，并成为一个相对安全的定居地。这些发展又为它吸引了更多财富和人口。作为体现莫斯科重要性的标志，俄罗斯东正教会的都主教驻地从弗拉基米尔城（Vladimir）迁至这座城市，使其成为俄罗斯的精神首都。

到了 1480 年，莫斯科公国的大公们积累的财富已经使他们处于无人能够挑战的地位。莫斯科大公伊凡三世（Ivan III）——请注意不要将他与他的儿子"恐怖的"伊凡四世混淆——开始征服大多数与莫斯科敌对的城市，并成为第一个接受了"沙皇"和"全罗斯统治者"称号的莫斯科君主。在他统治期间，俄罗斯北部被统一到一个君主治下，蒙古人的统治开始摇摇欲坠。

虽然蒙古人纵容莫斯科公国以牺牲周边城邦为代价而发展，事实上助长了新生的俄罗斯帝国的扩张，但是蒙古人的统治也使得俄罗斯与欧洲隔绝往来。这可以部分解释为何当欧洲由于文艺复兴和宗教改革而掀起种种重大的社会和政治变革时，俄罗斯却被甩在了后面。欧洲发展出了一个中产阶级，而俄罗斯没有。这将对这个国家后来的发展产生深远的影响。

蒙古人的遗产

以领土面积而论，蒙古人是古往今来最伟大的征服者，他们几乎将整个亚洲大陆都纳入了一个大汗的控制之下；只有 19 世纪的大英帝国名义上拥有比蒙古人更多的土地，但是其领土并不连续，而是分散在世界各地。和重农抑商的观念不同，蒙古人并没有将商人视作社会的寄生虫，而是幸运地认识到了贸易与商业的重要性。通过改善帝国境内的交通和首度允许欧洲商人经陆路远行至中国，蒙古人有效地使东方与西方发生了接触，重新开通了自穆罕默德时代起沉寂已久的贸易路线。

也是在这一时期，忽必烈将意大利冒险家马可·波罗（Marco Polo）迎进了自己的宫廷。马可·波罗是 13 世纪时来自威尼斯的冒险家，他在忽必烈的宫廷中生活多年，并且游览了他的帝国的各个角落。他在威尼斯与热那亚之间的一次战争中被俘后，在狱中口述了自己在中国的冒险经历，成书后在欧洲家喻户晓。

我们看到，正是与东方的接触，以及随之而来对东方丝绸和香料永不满足的渴求，促使欧洲人向西方寻找通向亚洲的海上路线，从而在此过程中"发现"了美洲。

欧洲的百年战争
（公元 1337 年 – 公元 1453 年）

在世界另一头的欧洲，1337 年，英格兰为了争夺法国王位的继承权而与法兰西开战，掀开了一场将断断续续持续一个世纪的战争的序幕，这也是英国历史上最长的一场战争。由于法国人在英格兰人出兵干涉苏格兰时对后者提供支持，更加坚定了英格兰人给法国人一个教训的决心。依靠己方优秀的弓箭手，英格兰人在此后的一个世纪中打赢了一系列重大战役；1346 年的克雷西之战（Crecy）和 1415 年的阿金库尔之战（Agincourt）只不过是这些摧毁法兰西上流社会精英的战役中比较著名的两场而已。

到了 15 世纪 20 年代，英格兰已经占领了今天卢瓦尔河（Loire River）以北的大部分法国领土，法兰西似乎已经被彻底地击败。但是，如此经年累月的战争也使英格兰人疲惫不堪，为了筹措军费而加征的税赋更是让他们不堪重负[1]，因而无力抵挡团结在圣女贞德（Joan of Arc）旗下的法兰西大军，最终被赶出了法

---

[1] 这些苛捐杂税是引发 1381 年英格兰农民大起义的重要原因。

国领土。法国人在 1453 年攻克波尔多（Bordeaux），标志着这场战争的结束，时间恰好是在君士坦丁堡被奥斯曼帝国攻陷的同一年。但是英格兰人在逃跑前设法擒获了圣女贞德，将她当作异端加以审判，并烧死在火刑柱上。

在百年战争打响 10 年以后，欧洲遭到一场毁灭性的瘟疫袭击。这场瘟疫起源于 14 世纪 30 年代的亚洲，通过商船传入欧洲。它会使患者身上长出肿块，而且肿块周围的皮肤会变黑，因而得名"黑死病"。从 1347 年到 1351 年，欧洲约有 2000 万人被这场瘟疫夺去生命，占到当时欧洲人口的四分之一到三分之一。

受教育程度普遍低下的非犹太裔欧洲人无法理解为何犹太人和穆斯林之类遵照教规勤于洗漱的宗教群体患病率较低。因此，许多犹太人被认为是制造瘟疫或者施行巫术的元凶，他们不是被杀害就是被逐出城镇。在狂热的宗教仇恨驱使下，犹太人最终在 1394 年和 1492 年先后被逐出法国和西班牙，而在英格兰，他们早在 1290 年就遭到了驱逐。

14 世纪的大瘟疫和连绵不断的战火使人们开始质疑权威，就连教会也未能幸免。而教会自身又经历一场内斗，导致其威信进一步下降。1378 年，由于对教皇选举的有效性争执不休，欧洲分裂为两派，一派支持位于罗马的意大利教皇，另一派支持位于法国阿维尼翁（Avignon）的法兰西教皇，这两人更是双双宣布将对方逐出教门。僵局持续了 40 年之久，期间每个教皇都任命了自己的继承人，史称"西方教会大分裂"。为了最终结束分裂，又有人选出了第三位与这两者抗衡的教皇。最后这三位教皇都被罢黜，让位于在 1417 年当选的新教皇马丁五世（Martin V），天主教终于又有了坐镇罗马的独一无二的教皇。但是这场分裂削弱了圣座的权力，也进一步降低了人们对教会的忠诚[1]。

---

① 就在选出新教皇的这场枢机团会议上，与会者借机将捷克神父扬·胡斯（Jan Hus，1369 年前后 –1415 年）判为异端处死。他的罪名是抗议教会的腐败并提出基督徒应该服从的终极权威是《圣经》，而非教会领导人。

奥斯曼的崛起
（公元 1300 年）

自身被内战削弱，又受到西方的十字军、南方的阿拉伯人和东方的蒙古人的持续压力，塞尔柱苏丹国能够在历史上长期维持实在令人惊讶。当它最终变得不堪一击时，当地的其他小酋长国纷纷加入霸权之争。最后随着蒙古人和十字军双双撤离，其中一个酋长国一举崛起结束了群雄纷争，并在此后的数百年中成功建立起一个实力强劲、幅员辽阔的帝国：奥斯曼帝国。

1301 年，当地一个酋长国的首领——奥斯曼帝国创始人奥斯曼一世（Osman）在距离君士坦丁堡只有几公里的地方击败了一支拜占庭军队。这场胜利使他声誉鹊起，也使奥斯曼统一了安纳托利亚（即土耳其）西北部的广大地区。此后奥斯曼帝国迅速扩张，一面吞并东方的弱小部落，一面不断蚕食已经非常虚弱的拜占庭帝国，到了 1351 年已经把后者逼到困守君士坦丁堡孤城的地步。拜占庭皇帝试图说服罗马教皇放下分歧与他联手对付共同的敌人，甚至不惜在 1369 年亲自前往罗马，公开向教皇输诚以求获得援助，但最终只是白费工夫。

1389 年，穆拉德一世（Murad I）统帅的奥斯曼大军在今天的塞尔维亚境内，通过科索沃平原之战（Battle of Kosovo Polje）消灭了由塞尔维亚人、阿尔巴尼亚人和波兰人组成的庞大联军。战役结束后不久，整个马其顿都被并入奥斯曼帝国版图。穆拉德本人在此战中意外身亡，随后他的儿子巴耶济德（Bayezid）继承了苏丹之位，并在 1394 年发动了对君士坦丁堡的围攻战。此时似乎没有什么能阻止奥斯曼大军前进，人们期待已久的拜占庭帝国的崩溃近在眼前了。但是就在这最后关头，奥斯曼土耳其人遭到了来自东方的攻击，于是，占领君士坦丁堡的事只能暂时搁置。

帖木儿
（公元 1336 年 – 公元 1405 年）

　　蒙古首领帖木儿在 14 世纪末 15 世纪初无意中保护了欧洲。14 世纪中叶，帖木儿趁着察合台汗国连续被弱势君主统治，利用汗国的缓慢瓦解攀上权力高峰。他决心成为中亚的主人。"正如天上只有一个神，"他说，"地上也应该只有一个君主。" 从 1396 年到 1404 年，他通过 8 年的残酷厮杀，征服了中亚的大部分地区。他曾入侵印度北部，在德里城下无情处死了多达 10 万名印度俘虏，还将巴格达付之一炬，屠戮城中居民多达 2 万，并用他们的头骨堆出高塔。他还先后攻占叙利亚，征服波斯，迫使埃及俯首称臣。

　　帖木儿在西方的征战主要针对两个对手：奥斯曼帝国和马穆鲁克。在击败马穆鲁克之后，他又于 1402 年在安卡拉之战（Battle of Ankara）中成功击溃一支奥斯曼大军，并且活捉了苏丹巴耶济德。这位奥斯曼苏丹被装在笼子里游街示众，后来死于狱中，落得个耻辱的下场。西方诸国的君主们为这位苏丹的被俘而欢呼雀跃，他们甚至向帖木儿送去阿谀奉承的祝捷言辞，希望与他结盟对付土耳其人。对所有人来说幸运的是，帖木儿未及实施自己下一步的征服计划就死于 1405 年，享年 69 岁，帖木儿帝国在他死后仅仅维持了很短的时间。不过他的王族血脉在印度得以延续，因为他的玄孙巴布尔（Babur）在那里建立了莫卧儿（由"蒙古人"一词变异而来）帝国。

君士坦丁堡的陷落
（公元 1453 年）

　　巴耶济德的儿子们为了争夺父亲的遗产混战了 10 年之久，最终穆罕默德一世（Mehmed I）成为新的苏丹。他登基后几乎是立刻走上开疆拓土之路，收复了帖木儿从他父亲手中夺取的大部分土地，而他的儿子穆拉德二世（Murad II）又在 1439 年入侵塞尔维亚，成功击败了一支与他对抗的欧洲联军。

穆拉德的儿子穆罕默德二世（Mehmed II）通过对君士坦丁堡的 54 天围攻，最终给东罗马帝国的残余势力画上了句号[①]。在此战中，一种相对新式的武器——火炮帮助土耳其人打破了护卫君士坦丁堡千百年的城墙。穆罕默德在破城后最初的举动之一就是前往建于查士丁尼时代的东正教圣殿——圣索菲亚大教堂，在简短祷告以感谢真主之后，下令将其改建为清真寺。

当历史行进到 14 世纪末，拜占庭帝国早已失去了曾经的影响力，再也不能对他国构成军事威胁，其疆域也仅仅包括君士坦丁堡和周边的小块区域而已。这座城市本身在经历 1204 年 –1261 年的十字军占领之后，从未真正恢复过昔日的荣光。尽管如此，人们还是不难想象，作为全世界最伟大都市之一，屹立 800 多年的君士坦丁堡的陷落会在西方造成怎样的情感震动。毕竟，无论如何残破，它终究是罗马帝国的都城，它的陷落只会增加西方人对于土耳其人将要踩躏整个欧洲大陆的恐惧，在这样的恐惧驱使下，教皇庇护二世（Pius II）甚至提出，只要穆罕默德改宗基督教，就可以将他加冕为皇帝。

此时，奥斯曼苏丹统治着亚洲的整个穆斯林世界，其治下的领土向东一直延伸到幼发拉底河，而且高居于其他所有伊斯兰统治者之上[②]。君士坦丁堡成为帝国新的都城，并逐渐被改称为"伊斯坦布尔（Istanbul）"。

在西方，战争在海洋和陆地的两条战线上继续着。塞尔维亚在君士坦丁堡陷落后也很快投降，随后巴尔干半岛的大部分土地也被征服。接着，奥斯曼大军又占领希腊的最南端，击败威尼斯，登上了意大利半岛的靴根部。只是由于

---

① 拜占庭的末代皇帝死于围城之役。
② 奥斯曼的苏丹们将把哈里发的称号一直保持到 1924 年。

穆罕默德二世在1481年去世，奥斯曼大军才没有继续侵略欧洲。他们被召回国内，帮助新苏丹在王位之争中击败他的兄弟。欧洲又一次在最后关头死里逃生。

明代中国
（公元1368年－公元1644年）

当奥斯曼帝国在中东发展壮大之时，中国却错过了成为全球性霸主的机会。中国人从未接受他们的蒙古裔元朝君主，并且低于蒙古人的待遇更使他们的不满与日俱增；而元朝统治者为了实施包括修建道路在内的浩大工程和战后重建，又对人民课以重税。14世纪40年代，中国北方粮食普遍歉收，随之而来的饥荒终于压垮了帝国早已变得脆弱的统治根基。

上无片瓦、下无寸土、食不果腹、衣不蔽体的农民们开始联合起来造反。14世纪60年代，其中一个农民成功地将自己的势力范围扩大到整个长江流域。这个曾经当过和尚的农民名叫朱元璋，他在1368年攻克北京，迫使蒙古人撤退到蒙古本土。其后自称为"洪武皇帝"，并宣布建立一个全新的中国王朝：明朝①。

新王朝起初对全世界开放并鼓励贸易往来。在明王朝的第二个皇帝统治下，中国人甚至实施了一系列大规模的远洋探险活动。从1405年到1433年，在哥伦布或麦哲伦起航的数十年前，中国舰队在海军将领郑和的领导下多次扬帆远航，对印度洋周边进行地理探险和外交活动，最远甚至到达了非洲。据说参与这些探险活动的人员多达28000人，他们乘坐的海船长达150多米。

中国人此时似乎有着不可限量的潜力。如果继续将眼光投向海外，很可能

---

① "明"在中国代表着"明亮""灿烂"。

发现美洲的将是他们，而不是欧洲人①。但是对中国人来说，这遗憾地未能成为现实。在蒙古人被驱逐之后，信奉儒家的大臣们在朝堂掌握了实权。儒家弟子不仅厌恶商业，而且对一切异国的事物都抱着敌视的态度——在刚刚经历蒙古人的占领之后，这也是可以理解的。他们甚至病态地推崇过去。"在中国，维护往昔的光荣似乎要比处理那些迫使西方人重视全球扩张的问题更为重要。"②在国内有太多的问题需要中国人操心，尤其是如何击退边境上蒙古人持续不断、胆大妄为的骚扰。在这种内忧外患之下，发展成为海上贸易强国并不是他们的目标之一。

在儒家大臣的影响下，政府终止了对远洋探险的资助，拆毁了造船厂，并禁止民间建造多桅帆船。15世纪70年代，郑和留下的档案被销毁，而到了1525年，建造任何用于航海的船只都成了犯罪③。中国人的大航海时代就此结束，发展全球海洋贸易的重任留给了欧洲人——他们此时刚刚开始踏上自己的发现之旅。

毫无疑问，这对中国日后的发展十分不利。截至此时，中国一直是全世界科技最先进的国家之一，发明了包括纸、火药、瓷器、磁石指南针在内的大量产品。但是，中国皇帝的强大权力意味着仅由一个人做出的决定完全有可能（而且确确实实）阻止全社会的创新，而这个国家对往昔的推崇备至最终在这个创新和发明能为国家带来竞争优势的世界中成了一大劣势。中国的家庭普遍倾向于"以牺牲新生但有颠覆性潜力的事物为代价来维护古典而神圣的事物"④。中国与其他国家的相对隔绝也阻碍了它将目光投向海外。在这方面或许没有比中国万里长城更好的例证，它就是为了将异族人挡在境外而兴建的。

---

① 有一些未经证实的理论认为，中国人确实到过美洲。

② 出自英国 Profile Books 书局出版的由伊恩·莫里斯所著的《西方将主宰多久》（*Why the West Rules for Now*）。

③ 中国在另一些领域也大踏步倒退，甚至在取得领先世界的钟表制造成就之后废除了机械钟。

④ 出自牛津出版社出版的由安东尼·帕格顿著作的《战争中的世界》（*Worlds at War*）。

　　另一方面，欧洲是由一群相互竞争且文化和语言多姿多彩的小国组成的，这毫无疑问对欧洲的发明家和冒险家来说是好事；如果有某一个团体不肯资助他们，他们总是能转投另一家。无论如何，跟上最新的技术进步符合国家的最大利益，也有助于保持实力平衡。因此，欧洲的投资者们得到的是鼓励而非阻挠。

　　"到头来，恰恰是欧洲人长期试图回避却就是无法摆脱的这种不稳定性成了他们最大的优势。他们的战争、他们的持续内斗、他们的宗教争端，所有这一切都成了不幸但却必要的知识扩散的条件，并使他们有别于自己的亚洲邻居，形成了针对大自然的形而上学和究根问底的态度，进而让他们获得了改造和控制自己所居住的国家的力量。"①

---

　　① 出自戴维·兰德斯的著作《国富国穷》（ *The Wealth and Poverty of Nations* ）。

西方崛起

公元 1450 年 – 公元 1800 年

第五章

对欧洲人来说非常幸运的是，就在中国人限制自己与外界的交往并回头钻研从公元前 6 世纪流传下来的儒家经典之时，伊斯兰学者们也开始拒绝没有在《古兰经》和《圣训》（*Hadith*）[1]中明确提及的科技进步。另一方面，截至此时在整体发展方面一直落后于中国以及伊斯兰世界的欧洲即将迎来一次大变革，这场变革将会把欧洲拉出中世纪的泥潭，改变其历史走向，并使欧洲人成为世界的主宰。

文艺复兴
（15 世纪早期 –16 世纪晚期）

这场变革的成因有很多。其中最核心的是十字军东征结束后思想和物质交流规模越来越大，新世界的发现导致人们开始怀疑自己原有的信念，教会宣扬的教义以及教会的权威在一次次分裂之后受到挑战，而逃离奥斯曼铁蹄的学者们使大量知识在很短时间内涌入欧洲。

这场变革常常被称作"文艺复兴"（源于法语中表示"新生"的单词 renaissance），公认始于 15 世纪初，终于 16 世纪末，在这段时间里欧洲人思考、管理和生活的方式都发生了深刻地改变。

文艺复兴时期最重要的技术和文化创新是古腾堡（Gutenberg）在 1450 年前后发明的印刷机。如果没有快捷而低成本的传播新思想的能力，欧洲很可能不会像历史上那样快速地发展。印刷术掀起了一场信息交流革命，到了 1480 年，德国、法国、尼德兰、英国和波兰的大城市中都开办了书籍印刷事业。实事求是地说，"在这项技术发明后 50 年内制作的书籍比此前 1000 年中制作的都多"[2]。

---

[1] 《圣训》是穆罕默德的言行录，大约成书于他逝世 250 年后。
[2] 出自牛津大学出版社出版的由乔尔·莫基尔所著的《富裕的杠杆》（*The Lever of Riches*）。

随着更大的印刷机投入使用，印书的单位成本进一步降低，使得更广泛的公众能够更为容易地以更低的代价获得书籍。不仅如此，越来越多的书籍以当地常用的语言而非拉丁语出版，促进了各个国家民族观念的形成。

印刷机引发了文艺复兴，并且幸运的是，它的发明恰好赶上了欧洲一段相对和平的时期。英法之间的百年战争是在 1453 年结束的——正好与君士坦丁堡的陷落在同一年——同一时期穆斯林与基督徒在现今西班牙境内的冲突也以基督徒的胜利告终[①]。贸易和农业在先被 4 世纪和 5 世纪的蛮族入侵破坏，又被基督教和伊斯兰教之间的争斗长期打乱之后，终于重新繁荣起来，封建制的欧洲社会逐渐被受贸易推动的社会所取代。

意大利人利用自己身处东西方之间的有利位置积累了巨大的财富，其中尤以佛罗伦萨人和威尼斯人的成就最为突出。在这一时期，商人和政客成为与神职人员一样受人敬重的职业。许多随着千年前罗马的崩溃而流传到东方的经典思想又回到欧洲，使得学术界和艺术界重新认识了希腊 – 罗马文化。非宗教性的主题不再受到排斥，腰缠万贯的赞助人们出资兴建了许多自罗马时代以来不曾出现的精美建筑。以美第奇（Medici）家族为代表的豪门望族成为著名的艺术赞助人，成就了一大批文艺复兴时代闻名遐迩的艺术作品；莱昂纳多·达·芬奇和米开朗琪罗也不过只是受益于他们和这一时期其他富豪赞助人的艺术家群星中最为耀眼的两颗明星而已。不仅如此，数学、医学、工程学和建筑学领域也取得了巨大的进步。

---

① 在 15 世纪初，伊比利亚半岛上存在着 5 个独立国家：葡萄牙、纳瓦拉、卡斯蒂利亚、阿拉贡和穆斯林的最后据点格拉纳达。在 1469 年，卡斯蒂利亚王国与阿拉贡王国通过卡斯蒂利亚女王储伊莎贝拉（Isabella）和阿拉贡王储费尔南多（Ferdinand）的联姻合而为一。1492 年，这个"联合王国"成功地将剩余的穆斯林从格拉纳达逐出，在它于 1512 年吞并纳瓦拉王国之后，现代西班牙即宣告成形。

香料贸易

欧洲人和东方进行了许多个世纪的贸易，通常是以阿拉伯和印度作为中间商，靠出售木材、玻璃制品、肥皂、纸、铜和盐等大宗商品来换取丝绸、熏香和香料。丝绸相对于当时粗糙的布料而言是一种奢侈品，熏香在尚未养成卫生习惯的欧洲社会被用于掩盖异味，而香料（丁香、桂皮、肉豆蔻和黑胡椒）则用于改善食物口味、保存食物和掩盖变质肉类的臭味；因为在整个冬季食物供应稀缺而且缺少用于饲养牲畜的谷物，所以在秋季屠宰牲畜是惯例；在没有冰块可用的地方，使用胡椒是保存肉类的一种方法。

欧洲人特别重视丁香的药用价值，某些医生甚至认为肉豆蔻（热带著名的香料和药用植物）可以预防瘟病。因此肉豆蔻的价值甚至一度超过了与它等重的黄金，这促使人们不惜冒生命危险来进口这种香料。胡椒主要生长在印度，而肉豆蔻和丁香只生长在地球上的一个地方：被称为马鲁古群岛的几个小岛，它们位于今天的印度尼西亚境内，在如今的新几内亚西北方。这些小岛后来被称为香料群岛，而日后欧洲各国为了寻找通向它们的西方航线而做的努力，将会从根本上改变世界的未来。

大航海时代
（1450 年 –1600 年）

奥斯曼土耳其人在 1453 年对君士坦丁堡的占领成为推动欧洲人进行冒险的重要因素。通往波斯、中亚和中国的陆上路线漫长而危险，加上各种中间商的盘剥，贸易成本本来就居高不下，此时更是雪上加霜。

葡萄牙人很早以前就对丝绸和香料情有独钟，再加上眼红威尼斯等意大利城市从这类贸易中获取的巨大财富，于是立志开辟一条绕过非洲大陆前往东方

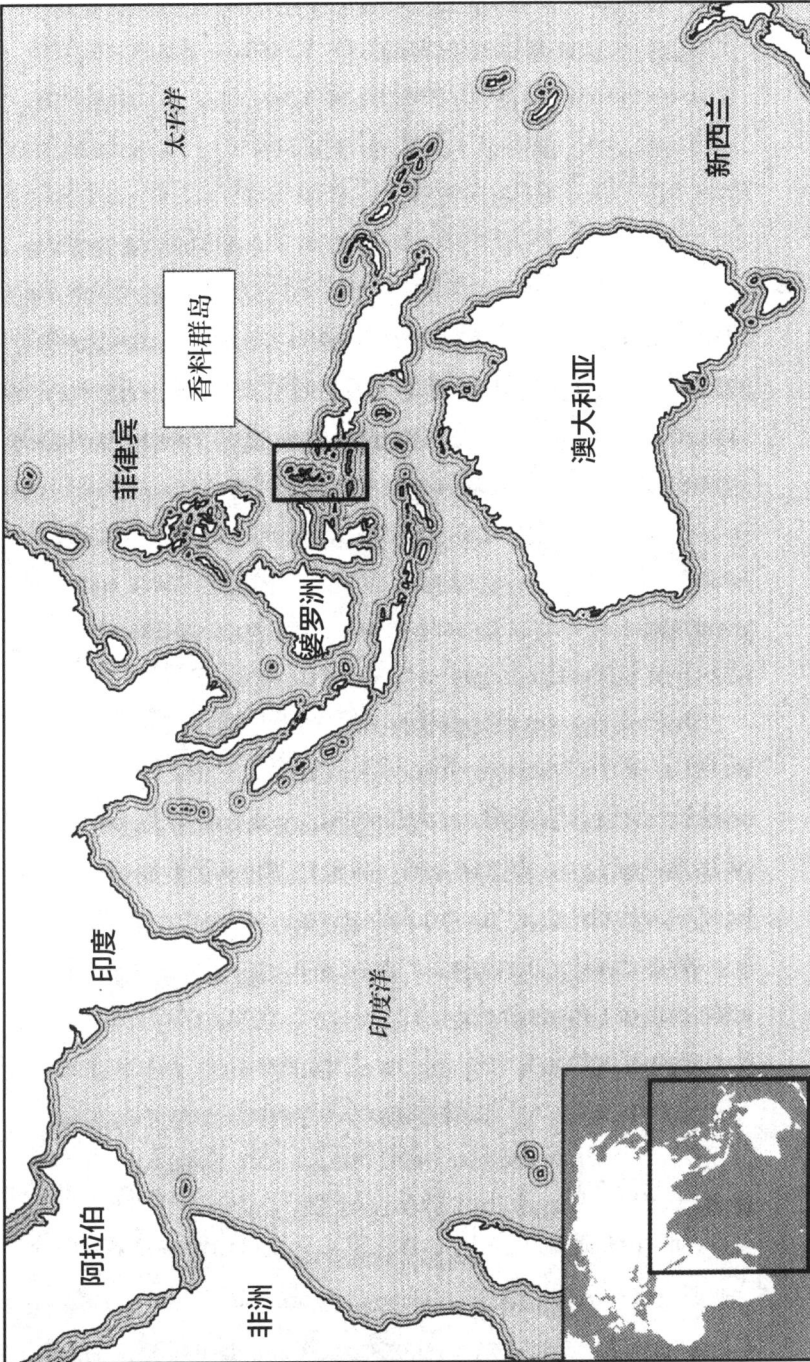

太平洋

新西兰

澳大利亚

香料群岛

菲律宾

婆罗洲

印度

印度洋

阿拉伯

非洲

∧ 香料群岛

的海上通道。他们认为这是一举两得的好事：既能规避奥斯曼帝国的关税，又能压低意大利商人的开价。

冒险的另一个动机则来自非洲本身。葡萄牙人需要用黄金来购买从东方进口的货物，但是欧洲人获取非洲出产黄金的主要途径是穿越撒哈拉沙漠的商队路线。以加纳为代表的多个非洲国家依靠这种贸易积累了惊人的财富，而葡萄牙人希望建立沿非洲海岸南下的路线，直接从产地获取黄金。

于是他们组织了小规模的探险队沿非洲海岸南下，结果证明：即使是如此规模的冒险也能取得成功而且获利丰厚。葡萄牙国王的儿子——亨利王子（Prince Henry，人称"航海家"）怀着开辟通往香料群岛的海上路线的梦想，成为著名的海洋科学赞助人。除了为航海冒险提供资助外，他还在葡萄牙南部建立了一所航海学校，让地图绘师、地理学家、天文学家和航海家们在那里研讨和改进最新的航海技术。

因这一举措而诞生的技术进步之一就是卡拉维尔帆船的建造，这种新式船舶航速更快，载货量也更大。凭借新式的船帆设计，它能够更好地顶风航行，这意味着驾驶这种帆船直线前进的难度大大降低，再也不必为了配合风向而频繁扭转船头。这种新设计能为航海者节省大量时间，并且将在 15 世纪的地理大发现中发挥重要作用；事实上，克里斯托弗·哥伦布使用的 3 艘船中，有两艘就是卡拉维尔帆船。

亨利王子在 1460 年去世，而后他的侄子——葡萄牙国王若奥二世（João）继续赞助航海事业，1486 年派遣巴尔托洛梅乌·迪亚士（Bartolemeu Dias）率领一支探险队绕过了非洲最南端。迪亚士身负多项使命，其中包括与传说中的非洲基督教国王——祭司王约翰（Prester John）取得联系，请他帮助葡萄牙人打破穆斯林对印度洋贸易的垄断。然而迪亚士始终没能找到祭司王约翰，因为此人根本就是子虚乌有。但是迪亚士在 16 个月后成功完成自己使命的第一部分，回到了里斯本。迪亚士将非洲南端命名为 "Cabo das Tormentas"，意即"风暴角"，用以纪念他经历的狂风暴雨。但是这个名称被改为 "Cabo da Boa Esperança"，意即"好望角"。据说改名者就是国王，因为他虽不能确定但还是满心希望迪亚士找到了一条通往东方的路线。

迪亚士绕过好望角，证明了大西洋和印度洋并不像当时许多欧洲地理学家认为的那样被陆地隔断，从海路前往印度也许的确是可行的选择。这个消息轰动一时，大大鼓舞了那些想要寻找前往东方的海上路线的人。但是，还没等进一步的远航成行，从西班牙国王和女王的宫廷中就传来了一个爆炸新闻：据说他们赞助的一个意大利航海家通过向西穿越大西洋，找到了前往东方的路线。当然现在我们已经知道，此人发现的其实是美洲。

克里斯托弗·哥伦布
（1451 年 –1506 年）

克里斯托弗·哥伦布生于意大利的海港城市热那亚（Genoa），但是在 20 多岁时移居葡萄牙，在那里帮助自己的兄弟经营地图绘制业务。马可·波罗的冒险故事令他如痴如醉，使他萌生了一个大胆的想法：可以通过向西航行到达远东，不仅如此，这样的航程甚至会比陆上贸易路线更短。

葡萄牙、法兰西和英格兰王室都拒绝赞助他的航海探险。也许在葡萄牙人看来，迪亚士绕过好望角已经使寻找西进路线变得毫无必要，而英法两国则根本就缺少成人之美的善意。在为了募集必要赞助而几经周折之后，哥伦布被引荐给了刚刚通过联姻建立西班牙的费尔南多国王和伊莎贝拉女王。当时被称为"再征服运动"的漫长斗争已近尾声，国王和女王都在殚精竭虑地筹措巨额军费，以求将伊比利亚半岛从摩尔人手中彻底夺回。哥伦布向他们指出，西进路线可以让西班牙染指截至此时一直被意大利人垄断的利润丰厚的香料贸易，带来巨大的财富。

费尔南多和伊莎贝拉预感到对摩尔人的胜利已指日可待，并且最终认识到了哥伦布提供的机会之大，于是为他提供了远航所需的资源。就这样，1492 年 8 月，哥伦布带着由 3 艘船和 90 个人组成的探险队从西班牙扬帆起航。但他大大低估了地球的大小（这要部分归咎于当时的地图制作者，在马可·波罗的著作出版之后他们夸大了亚洲的面积），结果整整航行了两个月才看到陆地。他们看到的第一块陆地是我们现在所知的巴哈马群岛中的一个岛屿。哥伦布为了感谢神明护佑自己安全穿越大洋，将这个岛命名为"圣萨尔瓦多"（San Salvador，意即神圣的救世主）。他还将岛上的土著称作印第安人，因为他相信自己到了印度。接着他又错上加错地把古巴当作日本，甚至认为那可能是中国。

哥伦布带着少量黄金、几个印第安人和几只鹦鹉回到西班牙以证明自己发现了陆地，结果获得了丰厚的奖赏，并被任命为世界洋海军上将和印度地方副王兼总督——这几个官职都是他在出发前就提出事成之后封赏的。这个重大发现的消息依靠印刷机迅速传播开来，大大激励了人们质疑关于世界的古老假设的文艺复兴精神。

哥伦布后来又三次重返美洲。在 1493 年到 1496 年的第二次远航中，他建立了一个定居点，并担任其总督。这个定居点后来成为圣多明各（Santo-Domingo），也就是今天的多米尼加共和国（The Dominican Republic）的首都。但是哥伦布的行政管理水平欠缺，以至于当他在 1498 年第三次远航中重返该地时，不得不请求西班牙方面派员协助他管理这个定居点。但是从西班牙派来的不是帮手，而是一位新总督，此人立刻将哥伦布和他的两个兄弟逮捕，拷上枷锁送回了西班牙。在哥伦布终于被释放后，伊莎贝拉女王又同意资助他进行第四次远航。

哥伦布直到 1506 年去世时，仍然坚信自己到达了亚洲。此外，虽然在第四次远航中登上了南美大陆，但他并未真正涉足北美大陆；这个荣誉属于乔瓦尼·卡博托【Giovanni Caboto，又名约翰·卡博特（John Cabot）】，这个意大利人在 1497 年依靠英格兰国王亨利七世（Henry Ⅶ）的赞助登上了北美大陆。不过就连卡博托起初也相信那片陆地是亚洲。

最终是一个为西班牙和葡萄牙效力的意大利人亚美利哥·韦斯普奇（Amerigo

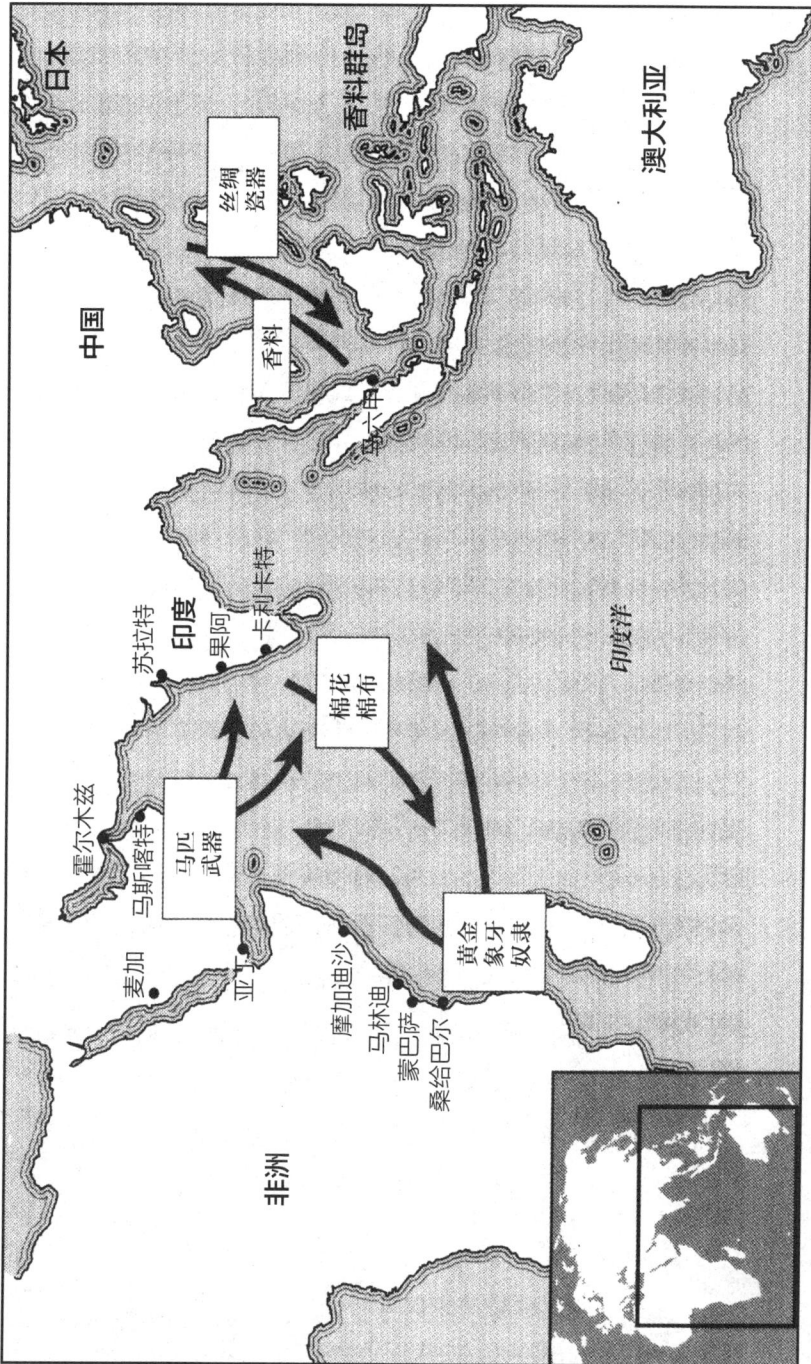

〈 印度洋贸易（15 世纪）

Vespucci）通过 1499 年到 1502 年间的几次远航，确认了哥伦布找到的是一片新大陆，而此人名字的拉丁文阴性变格"亚美利加"[①]（America）也因此被写在了 1507 年出版的新世界地图上。直到此时，我们生活的这颗行星的第一个得到公认的现代形象才开始浮现；而在此前，人们一直依赖的都是古希腊人所了解的地理知识。

为什么在大航海时代是西方人千方百计寻找通往东方的路线，而不是东方人寻找通往西方的路线？答案之一和中国人有关，他们的官僚在与外来侵略者进行了几个世纪的战争之后，对变革充满疑虑。此外，激励东方人东进或西进的因素相对而言也比较少；西方只有一些落后的小国，没有多少令人感兴趣的创新，也不能提供什么财富，而在印度洋上已经商船如织之时，看似空无一物的太平洋实在没什么诱惑力。于是东方人错过了他们的机会。

《托尔德西里亚斯条约》
（1494 年）

哥伦布的发现不仅轰动了西班牙，也大大触动了截至此时在海洋探险方面未曾遇到过对手的葡萄牙人。他们立刻想道：西班牙将会在未来挑战葡萄牙对新发现领土的权力主张，因此拒绝承认西班牙人对新大陆主张的所有权。出生于波吉亚（Borgia）家族、以腐败著称的西班牙裔教皇亚历山大六世（Alexander VI）提议为双方调解。1493 年，他发布敕令，在大西洋中部划出一条假想分界线，这条线东边是非洲西北海岸，西边是哥伦布宣布属于西班牙的新陆地。在这条

---

① 按照传统，大陆的名称都是阴性名词。

线以东新发现的任何陆地都将属于葡萄牙，以西则属于西班牙。在又做了一些探索之后，葡萄牙人对这个安排越来越不满，原因是他们声称自己的船只为了借助有利的海风南下和东进需要深入大西洋航行。因此，1494 年 6 月，双方在宁静的西班牙小城托尔德西里亚斯（Tordesillas）重新谈判，将分界线又向西移动了 1300 千米。

这个条约把新大陆分给了当时最大的两个海洋强国。西班牙得到了美洲的大部分土地，只有巴西的东端部分除外，因为那里在 1500 年被葡萄牙航海家佩德罗·卡布拉尔（Pedro Cabral）发现，于是被划归葡萄牙。这就是如今的巴西人说葡萄牙语，而南美大陆的其他地方都说西班牙语的原因。葡萄牙保住了通向印度的潜在海上通道的控制权。欧洲北方的强国则对这个条约不屑一顾；在他们看来，教皇没有权力将土地分配给具体的国家。无论如何，这个条约在事实上给西班牙提供了建立一个新帝国的机会，对此后欧洲和美洲的历史也造成了巨大影响。

在西方，当哥伦布完成第一次远航返回时，一场探险竞赛立刻开始：葡萄牙人投入了更多精力来建立通向东方的海上路线。瓦斯科·达·伽马奉命领导一支探险队，完成迪亚士在 10 年前开始的印度之旅。

依靠在非洲东海岸招募的阿拉伯航海家的帮助，达·伽马于 1498 年在印度沿岸城市卡利卡特（Calicut）登陆，虽然返乡的航程极为艰难漫长，超过半数的探险队员死于坏血病、饥饿和其他疾病，但他还是成功带回了一些香料，在里斯本（Lisbon）引发轰动。截至船队回港，他已经离家两年多，在大海上累计航行了 29000 多公里。最终，他成功发现了通往印度的海上路线，因此一战成名。这一发现也可能就此舒缓了西班牙对葡萄牙的威胁。

就在达·伽马返回后不久，有更多船只和 1000 多人参与的另一支远洋探险队奉命起航，这一次领导探险队的是佩德罗·卡布拉尔。迪亚士也参与了这次航行，但在好望角附近——他曾是第一个绕过此处的航海家，不幸丧生于风暴之中。卡布拉尔的这次远航标志着欧洲人开始以残酷暴力的手段占领香料群岛。

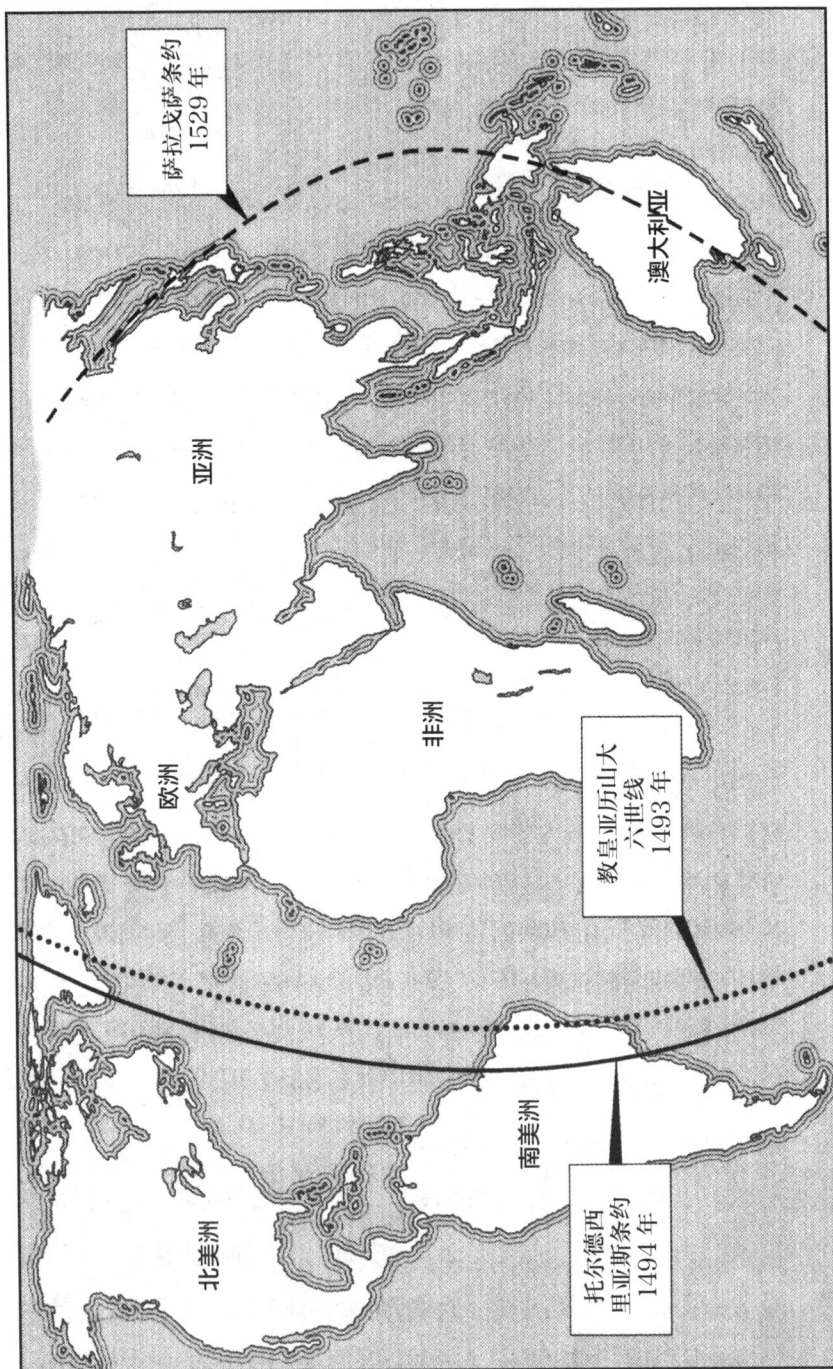

萨拉戈萨条约
1529 年

澳大利亚

亚洲

非洲

欧洲

教皇亚历山大
六世线
1493 年

北美洲

南美洲

托尔德西
里亚斯条约
1494 年

〈 《托尔德西亚斯条约》（1494 年）

因为不满生意被欧洲人抢走，一些当地的商人率先发难，杀害了卡布拉尔的一些手下。卡布拉尔则以血腥的报复作为回应，屠杀了数百名穆斯林商人。次年带着另一支探险队步卡布拉尔后尘的达·伽马也表现得丝毫不比前者高尚，他只要觉得有必要，就会随时随地进行掠夺和屠杀。这导致东印度群岛的人民深深痛恨达·伽马，并连带痛恨葡萄牙人。但是他们并不知道，几年以后受到他们热情欢迎的荷兰人，在残暴方面比起葡萄牙人是有过之而无不及的。

达·伽马发现了欧洲人苦寻许久的通向印度的海上路线，这个了不起的成就打破了欧洲的实力平衡，在短期造成了巨大影响。在西方，威尼斯和北意大利失去了垄断与东方贸易的地位，因而开始逐渐衰败。意大利人虽然也赞助了自己的远洋探险队，但明显成效甚微。在东方，阿拉伯人和土耳其人控制的陆上贸易路线逐渐丧失重要地位，这一变故助推了奥斯曼帝国缓慢但不可逆转的衰落过程。

但是西班牙人也并未袖手旁观。年轻的西班牙国王卡洛斯一世（Charles I）赞助了费尔南多·麦哲伦（Ferdinand Magellan）领导的一支西进探险队，因为后者使他相信，按照《托尔德西里亚斯条约》，香料群岛应该属于西班牙，而非葡萄牙。截至 1507 年，欧洲人已经清楚美洲并不是亚洲，而印度位于这片大陆的另一边，需要穿越从未有人航行过的水域才能到达。16 世纪初，曾有许多探险队被派出去寻找穿越这片大陆的路线，但是全都无功而返；如果麦哲伦能够找到一条穿越路线，西班牙将会大发横财。于是，在卡洛斯一世赞助下，由麦哲伦率领的探险队在 1519 年扬帆起航。

在冒着狂风暴雨沿南美东海岸南下之后，探险队在 1520 年 10 月发现了一条水道，它通往风平浪静的另一个大洋。麦哲伦将这个新的大洋命名为“太平洋”，因为与大西洋相比，它实在是太平静了。他随后启程寻找香料群岛，但是正如哥伦布低估了大西洋的面积，麦哲伦也低估了太平洋的面积，他根本没想到它有两个大西洋那么大。探险队又航行了 14 个星期才到达今天的关岛，然后再从这个太平洋小岛出发，驶向菲律宾。也正是在菲律宾，经历了千难万险的麦哲伦在卷入当地酋长之间的一场争斗之后死于非命。

　　探险队中由胡安·塞巴斯蒂安·埃尔卡诺任船长的一艘船[1]在1522年9月成功抵达西班牙，完成了有史以来的第一次环球航行。当初踏上航程的人几乎只有十分之一生还故里，但是他们带回了26吨丁香，足以支付整场探险的全部费用。埃尔卡诺因为完成了首次环球航行而一举成名，但是由于麦哲伦曾经在早年的一次探险中造访过东南亚，今天的人们还是将他视作第一个环游世界的人，尽管他是分两次航行完成的。作为航海史上最伟大的冒险之一，这次航行堪称是展现人类坚毅精神的史诗，它第一次揭示了我们生活的这颗行星的真正尺度，证明了乘船环游世界是可行的。

　　西班牙人立刻主张自己拥有香料群岛的主权，葡萄牙人自然是极力反对。结果双方一致同意修改《托尔德西里亚斯条约》，然后葡萄牙向西班牙支付巨额黄金，使后者收回自己的主张。葡萄牙对印度洋贸易的控制权得到确认，而作为交换，西班牙获得了在菲律宾贸易的权利。从此，这两大强国控制了当地的贸易，直到大约100年后，其他欧洲强国也发展出足够强大的海军和商船队为止。

　　大致在同一时期，欧洲发生了两件大事，给欧洲乃至整个世界的历史造成了巨大而深远的影响：第一件事发生在1517年，德国修士马丁·路德因震惊于自己在罗马的所见所闻，撰写了许多批评罗马天主教会的意见，从而掀起了欧洲历史上最大的革命之一；第二件事是在1519年，笃信天主教的西班牙国王卡洛斯一世继承了哈布斯堡家族的领地，成为自罗马时代以来最庞大的西方帝国的皇帝——查理五世（Charles V）。

---

　　① 其他船不是被抢走或烧毁，就是遇难沉没了。

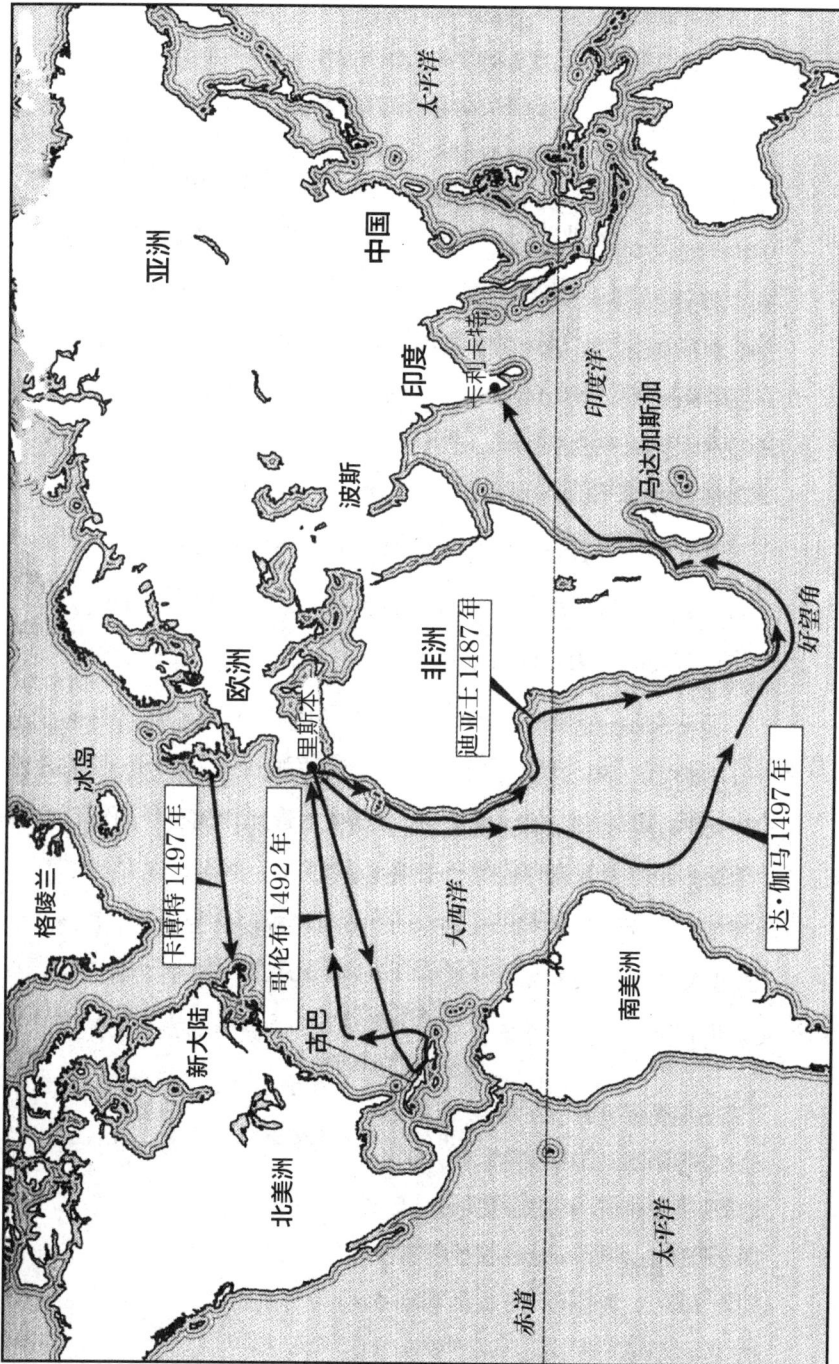

〈 探险路线（1487 年 –1497 年）

欧洲宗教改革
（1517 年 –1598 年）

路德并不是第一个质疑教会所宣扬的教义的人。以英格兰的约翰·威克里夫（John Wycliffe）和波希米亚的扬·胡斯为代表的传教士们早就宣称普通人也有权阅读《圣经》并作出自己的解释。他们都因此被教会定罪。几个世纪以来，教会一直没有做过什么善行，反而经常榨取信徒的钱财，靠着这些收益享尽荣华而无所事事，因此随着欧洲的广大人民日渐城市化并受到更多教育，他们便开始怨恨神职人员的予取予求。

路德曾在 1510 年到访罗马，结果被自己看到的事实吓坏了：教会公然大肆贩卖所谓的赎罪券——这种教会颁发的文件据称可以缩短购买者在炼狱中受难的时间，让他们不必进行苦修就能洗清自己的罪孽。路德在研读《圣经》后得出结论：凡人并不需要靠努力劳作来赢得上帝的恩宠，因为凡人无法用这种方式影响上帝对我们的态度。基督徒可以而且只能依靠信仰得到救赎，除此之外，无论做多少善行，哪怕是购买赎罪券也好，都不可能起到任何作用。他因为这一结论而拒绝承认教皇的权威，也否认神职人员对于普通教徒有任何特殊的权力，并主张《圣经》是基督教真理的唯一来源：

"人不必苦修，不必做耗资不菲的朝圣，不必崇拜所谓的圣徒的干尸，也不必向神献祭。最重要的是，人不必购买教会叫卖的那些华而不实的物品。教会向被蒙蔽的信徒兜售它们只是为了筹集资金来发动战争，来建造高屋华堂，来购买置于其中的绘画、雕塑、细木家具、金色高脚酒杯和用于盛放圣遗物的镶金嵌银的盒子，以及给它无休无止地从欧洲各地聘用的顶尖艺术家和工匠支付高额报酬。"①

---

① 出自牛津出版社出版的由安东尼·帕格顿著作的《战争中的世界》（Worlds at War）。

1517 年，就在奥斯曼帝国从同样因为海上香料贸易路线的发现而陷入财政危机的马穆鲁克手中夺取埃及时，路德撰写了著名的 95 条论纲以反对销售赎罪券，并送给当地的主教过目。在朋友和印刷机的帮助下，路德的论纲像野火一样迅速传播开来，促使教皇利奥十世（Leo X）发出教谕严厉谴责路德的学说。

性格倔强的路德烧毁了教谕，因此在 1521 年，神圣罗马帝国皇帝查理五世出面干预，请求他公开放弃自己的观点。在奥斯曼帝国步步紧逼之时，查理最不想看到的就是德意志分裂。然而路德拒绝了这个请求，表示只有在《圣经》要求他放弃自己的观点时他才会放弃，这个举动导致他被判定为异端。然而路德很幸运，由于德意志的许多地方诸侯一心想抵御强国西班牙的势力渗透而保持独立，其中一人出面给他提供了保护。

路德对传统和天主教会权威的挑战引爆了人们在宗教和经济方面被压抑许久的不满情绪，许多农民利用这个机会向教会机构发泄了他们的怨气。在他们中间的许多人眼里，教会显然和压迫他们的权贵是沆瀣一气的。随着怒火越烧越旺，他们决定揭竿而起，于是在 1525 年爆发了大规模的农民起义。然而对农民来说不幸的是，路德认为"在欧洲点燃的这场大火，其规模之大和势头之猛远远超过了他本人的意愿"[1]，因此他非但没有站在农民一边，反而支持德意志贵族们扑灭反抗之火。

不久以后，宗教改革运动就席卷了整个西欧，"不同民族和王朝之间的对抗此时被宗教狂热所激发，人们为了他们以前可能倾向于妥协的事端而大动干戈"[2]。路德在德意志影响最大，而瑞士人和荷兰人则在很大程度上受到从法国

---

① 出自牛津出版社出版的由安东尼·帕格顿著作的《战争中的世界》（Worlds at War）。
② 出自哈伯柯林斯出版社 1989 年转载的保罗·肯尼迪所著《大国的兴衰》（The Rise and Fall of Great Powers）。

被放逐的新教传教士约翰·加尔文（John Calvin）影响，此人宣扬的是宿命论，也就是认为上帝早已决定了哪些人将永世受罚，哪些人将得到拯救[1]。法国的新教徒被称为胡格诺派，他们遭到了残酷镇压，随之导致新教徒与天主教徒之间爆发战争，直到 1598 年亨利四世（Henry IV）颁布《南特赦令》授予新教徒信仰自由，战争才告一段落[2]。在英格兰，新的教义恰好给国王亨利八世（Henry VIII）提供了他所需要的理由，使他名正言顺地彻底否认教皇的权威，从而与自己的天主教妻子——西班牙国王费尔南多和女王伊莎贝拉之女阿拉贡的凯瑟琳（Catherine of Aragon）离婚。

宗教改革运动对西方的发展产生了正反两方面的巨大影响。它使欧洲许多地区摆脱了天主教信条的桎梏，促进了创新所必需的思想自由；但是它也使欧洲北部和南部的基督徒产生分裂，最终引发一连串宗教战争，直到 1648 年战火才逐渐平息。

哈布斯堡家族控制欧洲

在查理五世于 1519 年成为神圣罗马帝国皇帝时，他所属的哈布斯堡家族已经通过一系列成功的联姻，拥有了自罗马时代以来最庞大的西方帝国，其领地包括西班牙、尼德兰、奥地利和许多较小的国家，况且西班牙在美洲还拥有许多虽然未经开拓但极为富饶的殖民地。帝国包含了多种文化和语言，据说这位皇帝习惯于对上帝说西班牙语，对自己的情妇说法语，而对自己的马说德语。由于早在 1516 年就已经成为西班牙国王，他开始将西班牙视作

---

[1] 路德宗和加尔文宗的信徒是互相鄙视的。
[2] 在此之前，已经有 50 万新教徒被驱逐出法国。

〈 哈布斯堡王朝（1516 年前后）

自己帝国最重要的一部分，而把那些说德语的省份交给自己的弟弟斐迪南
（Ferdinand）治理。

　　查理五世在一个对欧洲而言极为重要的时代当了39年皇帝，把统治生涯的
大部分时间用于和法国人争夺意大利及尼德兰的土地①，镇压德意志新教诸侯的
防守联盟，以及在地中海抗击奥斯曼土耳其人。他甚至还因为梵蒂冈与法国结
盟而对抗过教皇，在1527年焚掠罗马并迫使教皇流亡。在海外，查理一手推动
了西班牙人对美洲的殖民化，包括征服阿兹特克帝国和印加帝国。

阿兹特克人和印加人遭遇铁器时代
（1200年–1520/1531年②）

　　在第一批欧洲人登陆美洲后不久，关于这个国度盛产黄金的传闻就不胫而
走。后来欧洲人真的找到了黄金，其数量更是超出了人们最狂野的梦想。当时
美洲有两大帝国，其一是位于今天墨西哥境内的阿兹特克帝国，其二是印加帝国，
后者有可能是当时世界上面积最大的帝国，其领土囊括了今天的厄瓜多尔、智利、
秘鲁、阿根廷和玻利维亚。当地早先的几个文明，例如奥尔梅克文明和玛雅文明，
都已经由于未知的原因而消亡。当西班牙征服者在16世纪初抵达当地时，立国
300年的阿兹特克帝国和印加帝国正处于其文明的鼎盛时期。

　　西班牙征服者寻找黄金的贪欲导致这两个帝国遭到残酷的掠夺。埃尔南·科
尔特斯在1519年到1520年征服了阿兹特克人，而弗朗西斯科·皮萨罗在10年

---

　　① 在这场战争中，他出人意料地与英格兰的亨利八世结盟。
　　② 编者注：西班牙人征服阿兹特克人的时间为1520年，征服印加人的时间为1531年。

委内瑞拉

圭亚那

苏里南

法属圭亚那

巴西

乌拉圭

玻利维亚

巴拉圭

阿根廷

哥伦比亚

秘鲁

智利

库斯科

印加帝国

巴拿马

厄瓜多尔

哥斯达黎加

美国

墨西哥

特诺奇蒂特兰

阿兹特克帝国

伯利兹

洪都拉斯

尼加拉瓜

危地马拉

萨尔瓦多

哥斯达黎加

巴拿马

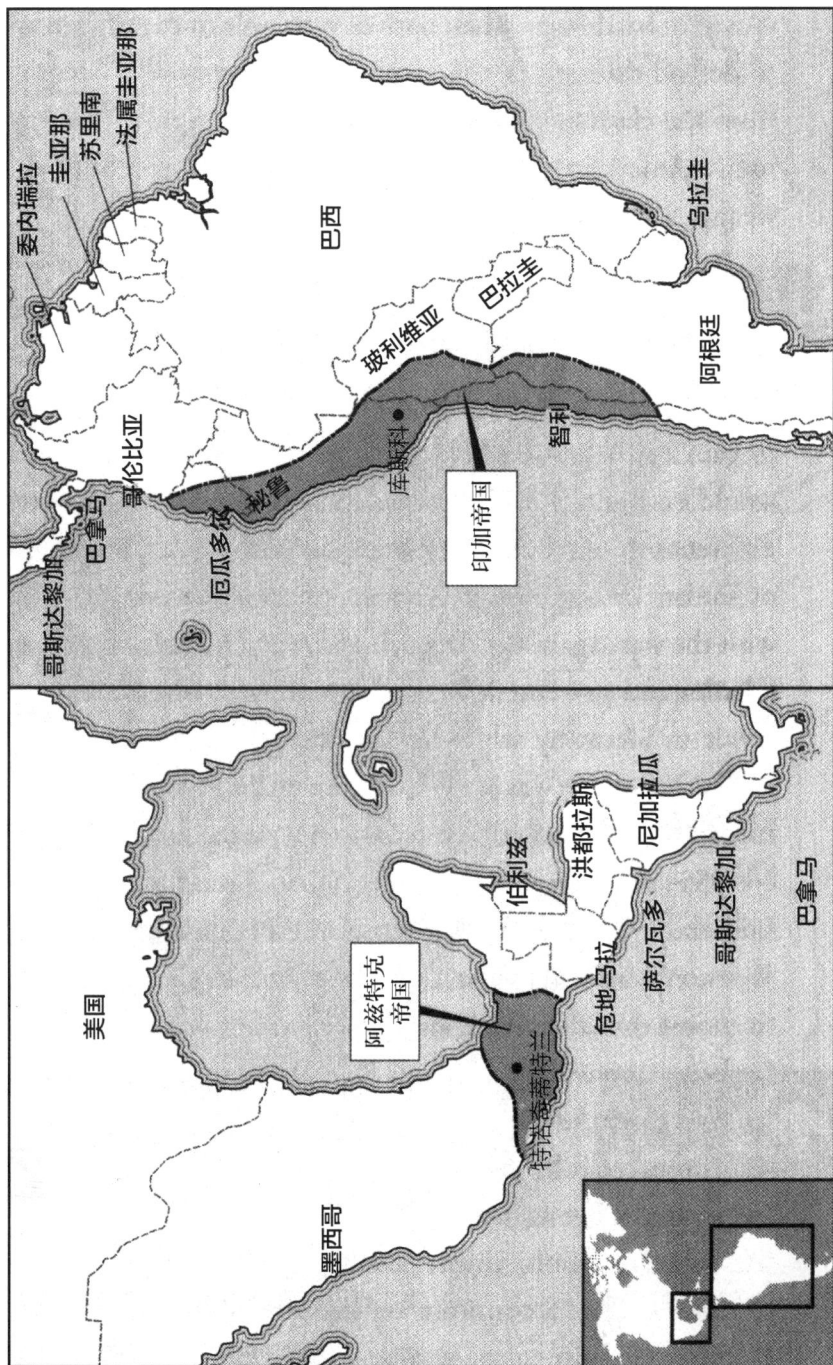

〈 阿兹特克和印加帝国（1515 年前后）

后征服了印加人。这两次征服都很值得一提，因为它们证明了只需要极少数欧洲人就足以征服数量远远超过他们的土著。

以科尔特斯为例，在庞大的都市特诺奇蒂特兰（Tenochtitlan）中统治帝国的阿兹特克皇帝蒙特祖马（Montezuma）可能把科尔特斯当成了回归的天神，因而放松了戒备。阿兹特克人也被他们从来没有见过的火枪和战马吓坏了；事实上，1492年欧洲人到达美洲之前，美洲没有任何关于马匹的记录。科尔特斯还在受阿兹特克皇帝压迫的当地人中间找到了盟友。阿兹特克人相信，如果不用活人献祭，太阳将不会升起，世界将会毁灭。最后，科尔特斯还做出了一个惊人之举：焚烧了他的军队用于渡海的船只，逼迫他们拼死战斗。

皮萨罗则活捉了印加皇帝阿塔瓦尔帕（Atahuallpa），要求印加人用黄金装满一个长6.7米、宽5.2米、高2.4米的房间来赎回他们的皇帝。在得到赎金后，皮萨罗却背信弃义，杀死了阿塔瓦尔帕（但是在动手前还给他施行洗礼，让他皈依了天主教！）。从各种史料来看，西班牙人仅靠168人就成功击败了一支多达8万人的印加大军。其实两军尚未交战，从欧洲传来的疾病就杀死了无数当地人，而在当地土著终于团结起来自卫时，却遭遇了石器时代文化与铁器时代文化的碰撞：美洲土著人靠着用石头和木头制作的武器根本没有机会击败装备钢铁武器的敌人。

在西班牙国内，查理五世为了让西班牙、英格兰和尼德兰结成天主教国家联盟，鼓励自己的儿子费利佩（Philip）与信仰天主教的英格兰公主玛丽·都铎（Mary Tudor）结婚。他决心不让新教在欧洲获得更强的据点，因为他担心这种教义会产生更多分歧；在他看来，从各方面而言新教徒和土耳其人都没有什么两样。但是一群德意志诸侯对路德的维护以及以法国和奥斯曼为敌的战争都牵扯了查理的精力，使他没能在德意志的宗教叛乱未成气候时将其扑灭。

等到他终于准备好采取行动时，新教已经有了深厚的根基（至少在德意志北部），于是在1555年，根据《奥格斯堡和约》，查理被迫承认路德宗在神圣

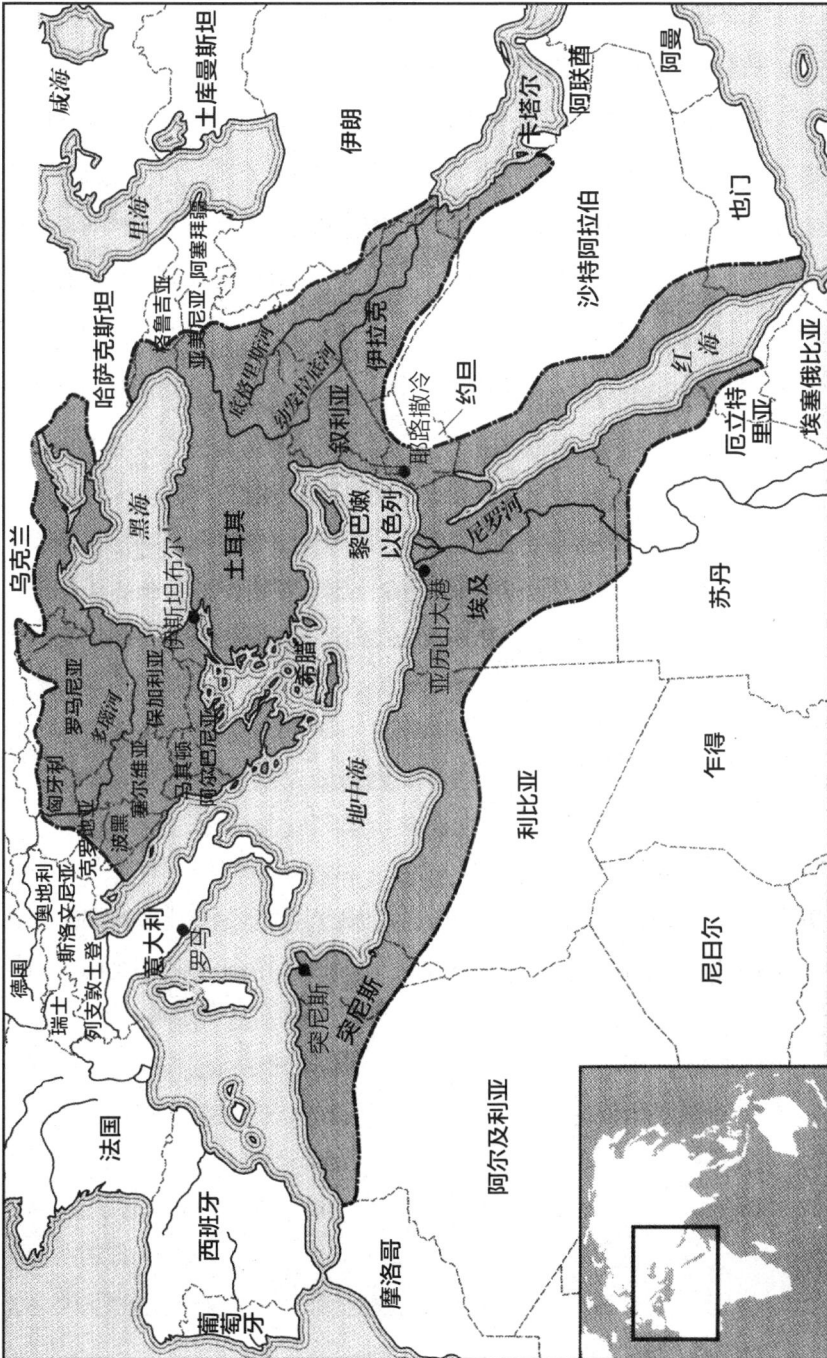

〈 奥斯曼帝国（1670 年前后）

罗马帝国境内的官方地位。在他看来，这个和约更糟糕的一点是允许 225 名德意志诸侯在各自控制的领地内选择官方宗教。

至于奥斯曼帝国，它始终是查理的心腹大患。土耳其人在 1529 年曾试图攻取维也纳，好在并未得手[①]，而地中海的奥斯曼海军直到查理死后很久仍然是西班牙的劲敌。在苏莱曼大帝（Suleiman I the Magnificent）统治下，奥斯曼帝国将继续两线作战，一边在西方攻打哈布斯堡帝国，一边在东方征讨与它有漫长边境线的什叶派萨非波斯。但是由于此后多位苏丹昏庸无能，帝国本身扩张过度，而且对自由思想的压制日益严重，奥斯曼帝国将从 17 世纪开始缓慢且不可逆转地衰落。

萨非波斯
（1502 年 –1732 年）

在帖木儿的蒙古大军撤退之后，什叶派的萨非王朝从混乱中崛起并趁机统治了波斯，建立了一个强大的独立国家，但是最终在与奥斯曼土耳其人的争斗中被迫放弃巴格达和伊拉克全境。阿巴斯一世（Abbas，1571 年 –1629 年）是萨非王朝历代沙阿（国王）中最著名的一个，在他之后的君主都比较懦弱，导致波斯对奥斯曼帝国的威胁大大降低。积弱的波斯最终在 19 世纪成为俄国人和英国人争夺的焦点。

---

① 奥斯曼帝国将在 1683 年再次尝试夺取维也纳，并再一次折戟城下。

天主教反宗教改革运动
（1545 年）

面对新教运动的蓬勃发展，天主教会着手实行自身的改革。1545 年，教皇保罗三世（Paul III）主持召开特伦托会议，旨在改革教会和批驳路德宗的教义。但是，教会在自卫的同时，也把满腔怒火发泄在一切继续质疑其权威的人身上。特伦托会议批准建立罗马宗教裁判所，下令以极为残酷的手段追捕和处死异端人士。同时教会首次尝试实施大规模审查制度，公布了被视作异端思想的禁书目录，任何阅读这些书籍的人都要冒着被开除教籍的风险，对许多人来说这是比死亡更为悲惨的命运。

1543 年，波兰天文学家尼古拉·哥白尼（Nicolaus Copernicus）遭到教会谴责，因为他大胆提出地球根本不是宇宙中心，而是绕着太阳旋转的观点。72 年后，伽利略·加利莱（Galileo Galilei）因为敢于赞同哥白尼的意见，而被宗教裁判所召至罗马。他虽然同意圣经是绝对正确的，但是曾暗示解释圣经的人未必不会犯错。结果，他被迫公开声明地球并不是绕着太阳转的，还被判软禁在自己家中。正如戴维·兰德斯所述："新教徒的改革运动大大提高了平民的识字率，也催生了异议和异端思想，促使人们怀疑和拒绝权威，而这正是科学探索的核心精神。但是天主教诸国没有直面这样的挑战，而是报以封闭和审查。"①

被各条战线上的战争搞得心力交瘁的查理在 1555 年退位，两年后在一个修道院中去世。说德语的哈布斯堡家族领地被传给了查理的弟弟斐迪南，他因此成为神圣罗马帝国皇帝——这个头衔事实上此时已经成为哈布斯堡家族的世袭头衔。包括尼德兰在内的西班牙帝国、哈布斯堡家族在意大利的领地以及一段

---

① 出自戴维·兰德斯的著作《国富国穷》（*The Wealth and Poverty of Nations*）。

时间内的葡萄牙，都被传给他的宗教狂儿子费利佩二世。由此形成了奥地利哈布斯堡旁系和西班牙哈布斯堡直系这两大分支。

荷兰起义
（1579 年 –1648 年）

费利佩二世试图建立加强中央集权的制度，一方面是为了满足他的专制欲望，另一方面是为了增加税收来支付急剧上升的战争开销。作为天主教的捍卫者，费利佩也希望压制尼德兰境内截至此时出于贸易利益考虑而一直得到宽容的新教徒，一经发现就严厉打击。

在费利佩登基伊始，荷兰人的不满情绪就有爆发之势，他们的国家是直到 1549 年才被查理正式并入西班牙版图的。热爱独立自主的荷兰人对费利佩新征的赋税极为怨恨。连续数年的农业歉收使普通民众怨声载道，也导致胆大妄为的暴徒洗劫了多座教堂和修道院。费利佩急于管束这些桀骜不驯的新教徒，便派了一支军队前去镇压暴乱；但是他的士兵在平乱时的残暴行径终于激发了一部分荷兰天主教徒的义愤，使得一场暴乱逐渐变成了争取彻底独立的斗争。

1579 年，北方的 7 个省份组成“尼德兰联省共和国”，两年后，他们宣布费利佩再也不是他们的合法国王，这也就意味着西班牙从此独立。只是他们根本没有料到，他们的独立地位要在经过一场波及全欧洲的血腥战争之后，才会在 1648 年得到全面承认。包括今天的比利时和卢森堡在内的南方诸省此时仍然忠于西班牙。由于在和西班牙人的战争中节节败退，被逼得山穷水尽的联省共和国曾先后提议将荷兰的王位授予英格兰的伊丽莎白女王和法兰西国王的弟弟。这两人都谢绝了荷兰人的提议，但是在奥兰治的威廉一世（William I of Orange）于 1584 年遇刺身亡后，伊丽莎白最终派出了一支小型军队援助起义者。

英格兰宗教改革
（1517 年 –1558 年）

在英格兰，都铎王朝的国王亨利八世在 1509 年继承英格兰王位。亨利之所以能继承王位，是因为他的哥哥——已经与阿拉贡的凯瑟琳结为夫妻的亚瑟（Arthur）英年早逝。亨利八世娶了兄长的遗孀，但是他后来又迷上了另一个女人，便想让教会宣告自己的第一桩婚姻无效，但他根本没有意识到这会导致多大的问题。当时路德的思想已经渗透到英格兰各地，而且很受亨利的新欢安妮·博林欢迎。但是，凯瑟琳的外甥——神圣罗马帝国皇帝查理五世，他利用自己的影响力促使教皇拒绝宣告亨利的婚姻无效。亨利一怒之下决定拒绝承认教皇的权威，这样的行为对于一个曾经因为严拒路德宗教义而在 1521 年赢得"信仰保卫者"称号[1]的人来说实在是非常讽刺。

鉴于天主教不愿认可离婚，亨利便命令坎特伯雷大主教批准自己离婚，后者满足了他的愿望。在 1534 年，亨利通过国会立法自封为英格兰教会最高领袖，宣告与罗马彻底决裂。从此英格兰教会的领袖就由历代国王担任，敢于反对亨利的人都被处死。另一方面，支持他的人得到了丰厚的回报，因为国王解散了许多富有的修道院，把教会的土地和财富用来封赏功臣，王室的收入在这一过程中翻了一番。

亨利一生中总共结婚 6 次，生育了 3 个继承人：爱德华（Edward）、玛丽和伊丽莎白（Elizabeth）。这 3 人的宗教信仰各不相同。他的儿子爱德华笃信新教，但是在位时间很短。玛丽则和她的母亲——阿拉贡的凯瑟琳一样，是个虔诚的天主教徒。玛丽成为英格兰的第一任女王之后，曾试图恢复旧制，但是她

---

[1] 至今英格兰的君主仍然使用着这个称号。

因为与查理五世的天主教儿子——西班牙国王费利佩二世结婚，失尽了她曾经
积聚的人心。毕竟英格兰人绝不希望被西班牙国王统治，也不愿让自己的宗教
生活受教皇左右，而那些曾经在亨利八世分配教会土地的过程中受益的人更是
没有交还土地的意愿。

　　玛丽恢复了惩治异端的法律，继而公开实施火刑，这些举动最终令她自掘
坟墓，也为她赢得了“血腥玛丽”的绰号。更糟糕的是，此时与西班牙结盟的
英格兰被拖进了与法国的战争中，导致英格兰在 1558 年失去它在法兰西控制的
最后一块土地——加来（Calais）。当玛丽在同年去世之后，并没有多少人为她
哀悼，而她与费利佩二世的婚姻也没有产生继承人，因而王位传到了她的妹妹
伊丽莎白手中。伊丽莎白在位 45 年，将作为英格兰最伟大的君王之一在英国历
史上享有一席之地。

伊丽莎白一世：童贞女王
（1533 年 –1603 年）

　　新登基的女王因为同情天主教而最终被教皇开除教籍，但她并不是像姐姐
那样的极端信徒。她对当时的宗教问题大体持宽容态度，只有在别无选择的情
况下除外，例如当众多旨在揭发她的表侄女——苏格兰女王玛丽（Mary）登上
英格兰王位的阴谋时，伊丽莎白虽然极不情愿，还是下令处死了玛丽。

　　伊丽莎白治国有方，提高了英格兰在世界上的地位。在她统治期间，英国
人首次尝试在北美建立殖民地。沃尔特·雷利（Walter Raleigh）以童贞女王（virgin
queen）之名将那片土地命名为弗吉尼亚（Virginia），这是在女王本人的暗示下
起的名字，目的是取悦她的天主教臣民。

　　但是，英格兰对美洲的染指终于使西班牙人忍无可忍；毕竟西班牙早已宣
称拥有整个美洲大陆的主权，还得到了教皇的认可！考虑到伊丽莎白曾发兵援

助联省共和国，多次攻击西班牙的船只和定居点，还处死了信仰天主教的表侄女玛丽，伊丽莎白当然不能指望西班牙人做出客气的反应。

西班牙人立即着手准备派遣一支"无敌舰队"入侵英格兰，使这个国家恢复天主教信仰。西班牙国王费利佩很快将出兵的消息传遍所有天主教国家，鼓励他们贡献资金和兵员。当无敌舰队起航时，共有7000名水手、17000名士兵和130艘舰船。教皇为这次得到全欧洲关注的远征作了祝福。然而尽管无敌舰队声势浩大、资金雄厚，还是落得失败的下场。

首先，弗朗西斯·德雷克（Francis Drake）率舰队大胆突袭了西班牙南部的加的斯港（Cadiz），击沉30艘西班牙舰船，导致无敌舰队出航日期推迟，并进一步激怒了费利佩[1]。其次，说来令人难以置信，负责统帅无敌舰队的梅迪纳－西多尼亚公爵竟然从未指挥过海军，一心想交出指挥权。于是在多种因素（包括西班牙人犯的错误，不幸遇到的坏天气，英格兰人的出色战术以及他们使用的舰船更小更快）综合作用下，西班牙人的失败成为定局。无敌舰队被迫绕过英伦三岛，在失去大约半数舰船和半数人员后挣扎着回到西班牙的港口——这既是一场财政灾难，也是一次耻辱的失败。

虽然从美洲流入的财富帮助西班牙相当迅速地从财政损失中恢复过来，但是要恢复西班牙的声望就没那么容易了。英格兰竟然能打败强大的西班牙？荷兰人居然也敢于挑战他们？这场败仗增强了英格兰人和荷兰人在海上攻击西班牙人的信心，帮助他们在此后的一个世纪中发展壮大。由于击败了无敌舰队，弗朗西斯·德雷克成为民族英雄，伊丽莎白则成为传奇女王；她消除了自从400年前诺曼人入侵以来英格兰面对的最大威胁。

虽然伊丽莎白使英格兰成为强国，她的继承人却毁掉了她造就的许多功

---

[1] 这个事件就是历史上的"火烧西班牙国王胡子"。

业。1603 年，苏格兰女王玛丽之子——苏格兰国王詹姆斯六世（James VI）成为英格兰国王詹姆斯一世（James I），不过要等到 100 多年后的 1707 年，两国政府才会通过《联合法案》（Act of Union）正式合并为大不列颠王国[①]。詹姆斯很不得人心，他在位期间，以盖伊·福克斯（Guy Fawkes）为首的一群天主教贵族曾在 1605 年密谋炸毁议会大厦——在英国，至今每到 11 月 5 日人们都会纪念这一事件。詹姆斯的儿子查理一世（Charles I）将把国家带进内战的深渊。

三十年战争和威斯特伐利亚和约
（1618 年–1648 年）

西班牙国王费利佩二世死于 1598 年，并留下一个债台高筑[②]、军备废弛的烂摊子。他的继承人费利佩三世（Philip III）别无选择，只能在 1609 年与尼德兰联省共和国达成休战协定。但是和平只持续了 9 年就被打破，随之而来的是一场长达 30 年、波及全欧洲的宗教战争。从 1618 年到 1648 年，大部分欧洲强国都被卷入其中。使问题更复杂的是，法国的波旁王朝虽然有着信仰天主教的国王，却因为担心被哈布斯堡家族的领地包围而站在新教国家一方。

德意志在这场战争中首当其冲，全境都被战火蹂躏，多达四分之一的人口死于战乱、饥荒和疾病。另一些国家则因为战争而破产。除了欧洲以外，战火还蔓延到了敌对双方在亚洲、非洲和美洲新设的殖民地。在东方，荷兰人与葡萄牙人进行了苦战，最终夺走了后者占据的大部分领地，包括富饶的香料群岛。

---

① 直到 1801 年，在北爱尔兰加入后，国名才改为"大不列颠联合王国"。
② 这位国王死时所欠的债务高达该国年度收入的 15 倍。

和平谈判从1643年开始，经过唇枪舌剑的冗长协商，直到5年后才达成协议。签订于1648年的《威斯特伐利亚和约》（Peace of Westphalia）标志着长达80年的荷兰起义和三十年战争双双结束。基督教虽然号称是一种和平的宗教，却带来大量死亡和破坏，导致欧洲永久分裂。在很多人看来，这种局面显然急需改变。

和谈产生了新的欧洲格局：荷兰共和国最终成为独立国家，神圣罗马帝国则得到了德意志领地的主权——这也有效地削弱了神圣罗马帝国皇帝的权力。但是与另一些根本变化相比，这些领土调整只是次要的。

首先，各方一致同意，应该允许人们自由表达各自的宗教观念，这一理念至今仍是民权社会的基础。加尔文宗、路德宗和天主教地位平等，宗教与国家政权分离，直到今天，在大多数西方国家仍是如此。其次，各方签署的公告奠定了现代主权民族国家的基础，许多地方不再是帝国名下的封建邦国，王权制度从此成为欧洲的主流政体。和约还确定了各国的边界，其中有许多至今仍保持原状或者变化不大，从此以后，战争的起因变为民族对抗而非宗教争端，这将使欧洲的实力平衡发生许多变化。

北美的殖民地化
（17世纪）

在远隔重洋的北美洲，16世纪时当地的欧洲人主要关心的是找出一条通往富庶的印度的通道，因为他们仍然认为这是发财的最简便途径。起初并没有多少欧洲人把美洲看作可以征服和定居的土地，大多数人认为那是用于调解欧洲主要强国之间争端的地区和供它们大肆掠夺以充军资的财源。

截至16世纪中叶，西班牙占据了中美洲和南美洲的大部分地区，并在这些地方开采出数量巨大的白银。西班牙人在寻找财富的过程中奴役和屠杀了很大一部分当地居民，接着又开始从非洲输入奴隶，希望他们成为更能耐受疾病和艰苦工作条件的劳工。不久葡萄牙人也如法炮制，通过输入奴隶来充实他们在巴西的蔗糖种植园。

但是随着西班牙大发横财，另一些强国萌生了争夺这些财富的念头，它们就是法兰西、英格兰和荷兰。伊丽莎白一世治下的英格兰尤其以在加勒比海的海盗活动而闻名，海盗经常攻击满载金银从新大陆返回的西班牙运宝船；毕竟，既然能如此轻易地抢到金银财宝，那他们又何必去采矿呢？因为在北美和加勒比海发现的宝藏寥寥无几，西班牙对这片地区并没有多大兴趣，因此它的敌人才能够在那里获得立足点。

欧洲列强过了很长时间才充分理解建立殖民地的好处。西班牙直到1565年才在美洲大陆上建立了一个比较重要的贸易站，它位于佛罗里达的圣奥古斯丁城（St. Augustine）。20年后，英格兰人在沃尔特·雷利（Walter Raleigh）率领下也试图建立一个比较永久的贸易站（它还算不上是殖民地），地点是在今天北卡罗来纳州海岸边的罗阿诺克岛（Roanoke Island）。不过这项工作并不容易：第一批殖民者起初是听信了政府的宣传才前往当地的，而在第二年就央求政府把他们送回故乡。下一批不远万里穿越大西洋的殖民者则干脆消失得无影无踪。

直到17世纪初，欧洲列强通过共同努力，才将这一地区殖民地化。17世纪初欧洲的宗教迫害和农业歉收导致了大批殖民者志愿去往这一地区，尽管有许多人在穿越大洋的可怕航程中丧生。

詹姆斯敦和北美的定居地
（1607年）

由于在罗阿诺克（Roanoke）惨遭失败，再加上与西班牙的连年战争，英格兰人直到1606年才再次尝试殖民。这一年国王授权伦敦公司（London Company）建立定居点，为此，1607年在弗吉尼亚建立了詹姆斯敦（Jamestown），这一事件被许多人视作北美殖民地历史的真正开端。不过这一次的殖民活动也不是一帆风顺：三分之一的殖民者在渡海时死去，又有三分之一在第一年的适应期中命丧黄泉（后来人们将这种适应过程称为"调适"）。不仅如此，在最初的20年里这个殖民地饱受饥馑和疾病摧残，英格兰人不得不从英格兰不断运来移民以维持其运作。最后是烟草种植挽救了这个殖民地，因为烟草种植起来相对容易，而抽烟也因此成了越来越流行的嗜好。不久以后，廉价的弗吉尼亚烟草就充斥了市场。

法国人于1608年在魁北克（Quebec）建立了他们的第一个永久定居点，而在1609年，受聘于荷兰人的英国航海家亨利·哈德逊爵士（Sir Henry Hudson）发现了曼哈顿岛（Manhattan Island）。这个岛屿起初被印第安人用作商船基地，但是荷兰人在1624年用几件小装饰品从印第安人手中买下此岛（这被认为是有史以来最划算的不动产交易），然后开始派人定居于此。他们将这里命名为新阿姆斯特丹（New Amsterdam）。40年后，英格兰人认为新阿姆斯特丹阻挡了他们的向西扩张之路，于是出兵占领此地，又将它改名为纽约（New York），以表示对英王查理二世（Charles II）之弟约克公爵（Duke of York）的敬意。作为交换，在结束英荷战争的条约中，英格兰人将自己在南美洲苏里南（Suriname）的殖民地让给了荷兰人。对荷兰人来说，这可能是有史以来最吃亏的不动产交易！

随着关于美洲的发展机会的消息越传越广，越来越多的欧洲人决定移民。1610年，西班牙人在美洲大陆的另一边建立了圣达菲城（Santa Fe）。1620年，一群逃离英格兰国内迫害的宗教分离主义者乘坐"五月花"号帆船在位于今天新英格兰州的普利茅斯（Plymouth）登陆。一年后，他们用一次感恩仪式与当地的美洲土著盟友一起庆祝了他们的第一次玉米收获，至今美国人每年都会纪念此事。

欧洲人很快就在美洲土著印第安人中恶名远扬，印第安人给他们冠以"贪婪地攫取土地的人"和"穿外套的人"等名号。在此后的数百年中，土著印第安人将毁于欧洲人带来的疾病，主要是天花和霍乱。

　　欧洲人通常都会惊讶于幸存的土著的友好态度，但仍然会对他们举起屠刀。白人移民一次又一次地撕毁与土著达成的协议，而美洲土著无法理解为何这些新来者需要的不仅仅是能种植粮食的土地，因而未能团结起来对抗他们。最终他们既无法抵御这些欧洲人带来的疾病，也无力对抗欧洲人对土地的贪欲，只得缓慢且不可避免地被驱逐、征服和灭绝。对美洲土著来说，欧洲人的到来本身就是一场浩劫。

　　南美洲的情况大致相同，不过那些幸运地熬过了疾病的人往往要在西班牙人或葡萄牙人开办的矿场和农场中劳作至死。正是土著人的高死亡率使欧洲人开始寻找新的劳动力来源。

蔗糖和奴隶贸易
（15 世纪 –19 世纪）

　　到 15 世纪中叶，来自非洲的奴隶就以越来越大的数量输入葡萄牙，这都是葡萄牙人沿西非海岸南下探险的结果。早在欧洲人介入之前，土著非洲人与阿拉伯中间商之间的奴隶贸易就已经有长达数百年的悠久历史。非洲奴隶适应热带环境而且体格强壮，在离西非海岸不远处新发现的加那利（Canaries）、亚速尔（Azores）和马德拉（Madeira）等殖民地中，他们成为葡萄牙人的蔗糖种植园里的优秀劳工。

　　这一发现促使葡萄牙殖民者开始将奴隶输出到新发现的巴西，很快他们就在那里开始种植利润丰厚的甘蔗和开采白银。从非洲输入的奴隶数量极为庞大①，

---

　　① 在此后的 300 年中，又有 300 多万非洲人被输送到巴西。

以至于到了 17 世纪末，多达一半的巴西人口都是非洲奴隶。

由于茶和咖啡成为欧洲越来越流行的饮料，欧洲对蔗糖的需求有增无减，从而促使另一些国家也开始在加勒比海地区种植砂糖，因为那里的许多群岛有着与巴西类似的气候。这一产业的兴起恰逢时机，国际市场受到廉价的弗吉尼亚烟草冲击，加勒比海地区的烟草种植业投资回报率下降。但是加勒比海地区居民的高死亡率使得原先来自欧洲的劳动力大军不是命丧黄泉，就是逃到了气候比较宜人的北美。因此当地不仅需要新的作物，还需要一批新的劳动力。

在英法两国忙于建立蔗糖种植园时，荷兰人为他们提供了大量贷款和奴隶，从而获得了对蔗糖销售的控制权。正是荷兰人在 1619 年首开向北美供应奴隶的先河，这些奴隶最终成为北美经济不可或缺的支柱。

截至奴隶贸易终止时，约有 1500 万非洲奴隶在 300 多年的岁月里被运至美洲充作廉价劳动力，其中估计有 50% 被加勒比海地区接收。事实上，直到 19 世纪初，进入美洲的移民中仍以非洲人居多。

从非洲穿越大西洋进入美洲的航行通常是在恶劣条件下进行的。奴隶贩子为了榨取最大利润，把奴隶们成群结队关在人满为患、疾病流行的船舱里，因此在这段所谓的"中段航程"中，奴隶死亡率达到 25% 的事并不罕见。在到达目的地后，奴隶则被当作牲畜看待。由于他们的预期寿命极低，加上缺少女性（因此少有后代），这意味着需要经常运输新人来补充劳动力。

到了 17 世纪 80 年代，荷兰人、英国人和法国人都建立起了各自的蔗糖种植园殖民地，产量甚至超过了巴西。英属巴巴多斯岛（Barbados）曾一度是世界上最大的蔗糖产地，但后来被牙买加（Jamaica）和法国控制的圣多明各（Santo Domingo，位于今天的海地境内）超越。整个这一带的群岛都把蔗糖生产作为支柱产业，由此获得的巨大利润使这种产品得到了"白金"的绰号。

奴隶贸易是 17 世纪到 19 世纪的三角贸易模式（也称"大西洋体系"）的一部分。西方制造纺织品和火枪之类的产品，然后运到非洲换取奴隶，再把奴隶用船运送到加勒比海地区换取蔗糖、烟草和咖啡等产品。随后将这些产品在

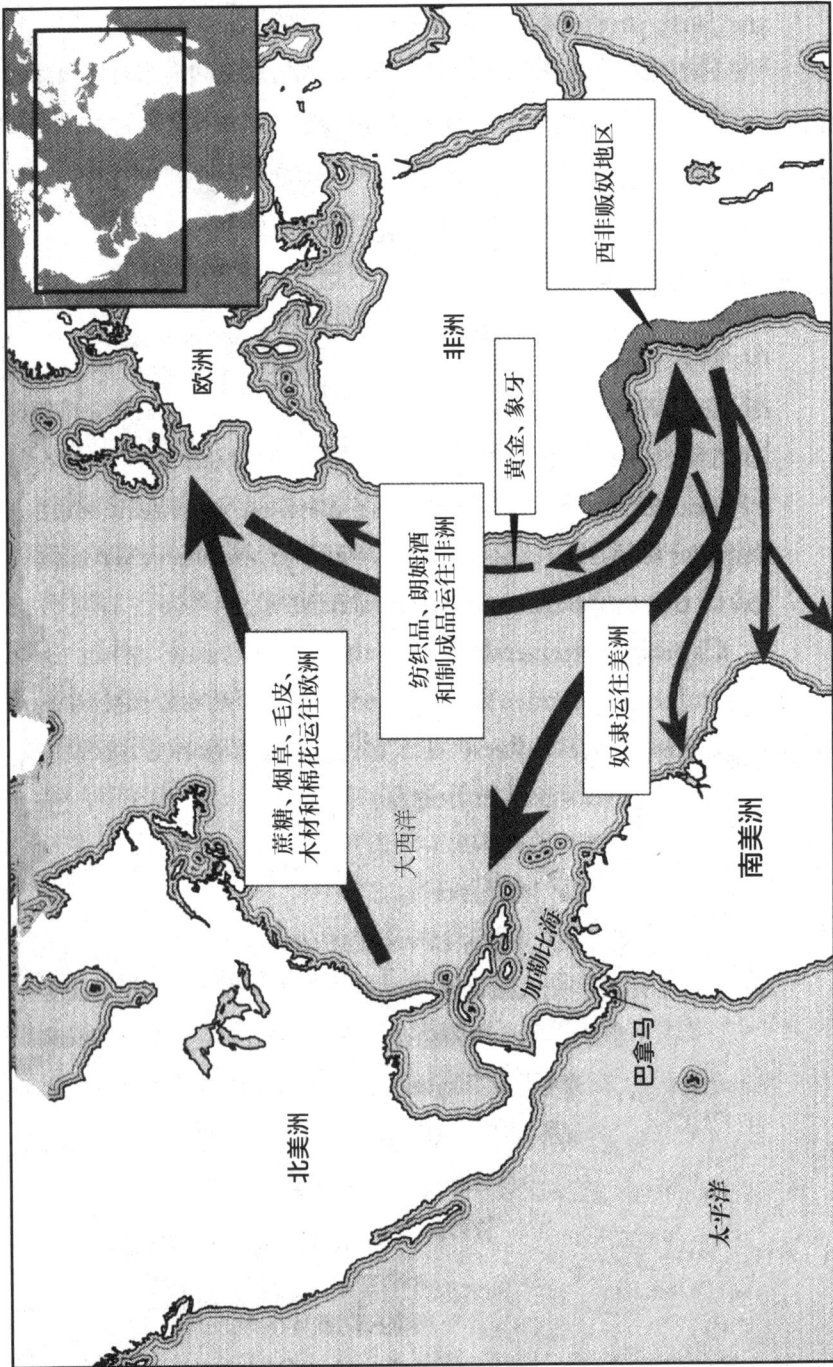

∧ 三角贸易路线（17 世纪 –19 世纪）

西非贩奴地区

黄金、象牙

纺织品、朗姆酒和制成品运往非洲

奴隶运往美洲

蔗糖、烟草、毛皮、木材和棉花运往欧洲

欧洲

非洲

北美洲

南美洲

大西洋

太平洋

加勒比海

巴拿马

欧洲销售，再用于购买要出口到非洲的制成品，整个过程就这样循环往复。蔗糖有一种副产品称为糖蜜，可以掺入朗姆酒中，同样被运到非洲参与这个罪恶的利润生产循环。于是，奴隶辛苦劳作的成果反而导致了更多人沦为奴隶。

从蔗糖和其他依靠奴隶运转的产业中产生的资本被银行用来融资，扩大信贷和投资新发明，所有这一切又都推动了英国的工业革命。

荷兰帝国的崛起

虽然与西班牙进行着看似无休无止的战争，但是荷兰联省共和国在此期间却缔造了一个蓬勃兴旺的经济及全球性帝国。荷兰人有强大的粮食出口业、渔业和造船业为基础，又获得了为逃离尼德兰南部和欧洲其他地区的宗教迫害的大量劳动力，不仅成功积累了大量财富，还设计出了天才的理财方法。全世界第一家中央银行——阿姆斯特丹银行（Bank of Amsterdam）成立于1609年，其主要宗旨就是为贸易融资。作为信誉良好的债务人，荷兰人能够以优惠利率获得贷款，从而为他们的贸易扩张和战争提供资金。他们在造船业上的投资使荷兰成为全世界最精干的海军强国，其领先地位一直维持到了17世纪末。

西班牙的贸易禁运迫使荷兰人寻找新的市场，因此他们在美洲和亚洲建立了稳固的势力范围，成立于1602年的荷兰东印度公司（Dutch East India Company）成为世界上第一家跨国公司。荷兰私掠船在大西洋和印度洋上明目张胆地抢劫葡萄牙商船，并且成功地实现了对香料群岛贸易的基本垄断。不仅如此，为了保护与东方的贸易线路，他们还在好望角建立了一个前哨基地，在几个世纪以后，他们为了争夺该地将与英格兰人发生血战。在被英格兰人赶超之前，荷兰人一直维持着世界上最大的贸易帝国的地位，而且之后他们为了维持这个地位进行了顽强的战斗，在17世纪与英格兰人打了3场战争。

西班牙与葡萄牙的衰落

另一方面，葡萄牙人和西班牙人的帝国（从 1580 年到 1640 年，它们曾在西班牙人的统治下短暂联合）走上了下坡路。对葡萄牙来说不幸的是，它与西班牙联合在同一君主统治下的时期，正是西班牙与半个世界开战并且日渐被孤立的时候。所有这些战争使得西班牙虽有从美洲流入的滚滚财富，但还是在 16 世纪先后 3 次宣布破产。西班牙还顽固不化地试图扑灭任何可能对天主教造成威胁的自由思想或学术活动。为此，西班牙封禁了许多书籍[1]，禁止学生到海外留学或是学习任何不受当局欢迎的外国思想。

害怕变革的伊比利亚半岛[2]没能跟上欧洲其他地区的发展步伐，也错过了对欧洲发展起了巨大作用的宗教改革运动。此外，从新大陆潮水般涌入的金银财宝使得大部分商品都可以轻松买到，结果妨碍了创新——还顺带造成了无人预见到的严重通货膨胀。

葡萄牙在布拉干萨王朝领导下，最终于 1640 年从西班牙手中夺回了独立主权，但此时这个国家要想恢复昔日荣光已经为时太晚。对自由思想的压制已经使它严重落后，失去了在航海技术领域曾经牢牢占据的领先地位。

法国在路易十四领导下称霸

随着西班牙国势渐衰而英国尚未强大，法国在 17 世纪后 50 年的大多数时间里主导了欧洲的政治格局。1643 年，年仅 5 岁的路易十四登上王位，成为欧

---

[1] 不幸的是，出版机构都是由耶稣会修士掌管的。
[2] 伊比利亚半岛包括欧洲的西班牙和葡萄牙。

洲历史上在位时间最长的君主（1643 年–1715 年）。路易十四宣称自己统治的权力来自神授，并留下了"朕即国家"的名言。他的影响力也确实非常强大，以至于 17 世纪后来被称为"路易十四时代"。为了扩大自己的帝国，他娶了自己的外甥女——西班牙国王费利佩四世（Philip IV）的女儿。但是虽然国家日益强盛，也不免被种种问题困扰。在国内，虔诚的天主教徒路易对宗教战争持毫不宽容的态度，撤销了《南特赦令》，并规定新教信仰为非法。在国外，"太阳王"（这个称号源于他选择用来代表自己的纹章）统治的最后 10 年是在各种大大小小的战争中度过的，法国的国库因此被消耗大半。

英格兰：帝国的开端

在 16 世纪，英格兰拥有的人口和资源仅相当于西班牙或法国的一小部分。法国是英格兰的宿敌，而新兴的荷兰正在成为英格兰的主要商业对手。在此后的数百年中，英格兰将与这两个国家多次大动干戈，又多次握手言和。但是英格兰相对于其他欧洲国家也有一些优势，包括别国入侵岛国难度较大，以及强大的议会能够限制国王的权利。不过后者是经过 1642 年到 1651 年的残酷内战才成为现实的。

和自己的父亲一样，查理一世也坚信君权神授。他曾一度关闭议会，只是为了筹措与苏格兰人打仗的经费才重开，而苏格兰人之所以入侵英格兰是因为查理强行要求他们在礼拜仪式中使用一种新的祈祷书。1642 年，查理又企图逮捕 5 名议会成员，虽然没有抓到人，却把国家推进了内战的深渊。内战双方并不是天主教徒和新教徒，而是被称为"骑士党"的保皇派和因为留短发而被称为"圆颅党"的反对派。

议会的一名清教徒成员奥利弗·克伦威尔（Oliver Cromwell）成为反抗国王的义军领袖，他大力推动议会训练出一支职业军队，并率领这支军队在英格兰和爱尔兰获得了无数场胜利。1649 年，输掉了内战的查理一世被处死 4 年后，克伦威尔被任命为联邦护国公。此后克伦威尔在国内实行军事独裁统治，执掌国家大权，直到 1658 年去世为止。他的儿子曾短暂接替过他，但是逃出英格兰并在路易十四宫廷中流亡的查理二世（Charles II）在 1660 年受邀回国，被重新拥立为英格兰、苏格兰和爱尔兰的国王。他登基后首先做的事情之一就是命人挖出克伦威尔的尸体，然后戮尸斩首。

在查理二世统治期间，发生了 1665 年的伦敦大瘟疫和 1666 年的伦敦大火，大火使大约 13000 座民宅化为乌有。当查理在 1685 年去世时，他的弟弟詹姆斯二世（James II）继承王位，任命了一些天主教徒担任国内要职，其数量至少足以使新教徒占大多数的议会忧心忡忡。因此，议会恳请詹姆斯之女玛丽（Mary）的丈夫——荷兰的奥兰治亲王威廉（William of Orange）拯救英格兰，防止天主教势力复辟。

当威廉在 1688 年率领一支军队登陆英格兰时，他的岳父——最后一位统治英格兰的天主教君主詹姆斯二世仓皇出逃，往法国寻求庇护。经过这场不流血的革命之后，威廉与玛丽在 1689 年正式成为英格兰共主，共同统治这片土地，直到玛丽 1694 年去世。此后威廉独自治国，直到 1702 年去世为止。詹姆斯二世的女儿安妮（Anne）在之后继承了王位，但是当她 1714 年去世时，斯图亚特王朝的血脉也随之断绝。于是王位传给了詹姆斯一世的外曾孙——汉诺威选帝侯，此人受邀统治英格兰后成为英王乔治一世（George I）。不过他只会说德语，而不会说英语。

通过照搬荷兰先进的银行体系，以及将注意力转向西方代表未来的美洲，英格兰逐渐取代了荷兰的地位，成为傲视全球的经济和军事超级强国。

日本闭关锁国
（17 世纪）

当欧洲人忙于探索世界时，日本人却被禁止出国旅行，除非有军队陪同。16 世纪，日本刚刚结束了一个漫长的内战和混乱时期，在那段时间里，许多被称为"幕府将军"的军政长官假借天皇的名义管理着国家。其中一些人的势力最终发展壮大，统一了整个日本。日本最后也是最强大的一个幕府政权由德川家康在 1603 年开创，定都于江户（也就是今天的东京），这一举措使日本享受了大约 250 年的和平。

葡萄牙人在 1543 年成为最早到访日本的欧洲人；至今，口语中表示感谢的词语"ありがとう"（读音近似于"阿里嘎多"）仍然与葡萄牙语中的同义词"obrigado"（读音近似于"哦布里嘎多"）有着惊人的相似。继葡萄牙之后又有其他欧洲人到达日本，为日本成功引入了贸易和基督教信仰，当然还有火器。但是日本人害怕欧洲人的军事征服，遂将他们视作潜在威胁，于是 17 世纪初将他们全部驱逐。到了 1635 年，日本国民被禁止出国，已经在国外的则被禁止返回。1641 年，与欧洲人的所有贸易都被限制在长崎港进行，所有外来书籍都被查禁[1]，在此后的 200 年时间里，这个国家阻绝了一切外来的干预。

清朝的扩张

在与日本相邻的中国，由于一系列平庸的皇帝无法应对来自东北方的满洲敌对政权日益强大的威胁，明王朝的国力最终被严重削弱。1644 年，皇帝居住的都城北京被一支反政府军队攻陷[2]，满族人由此建立了中国最后一个王朝——清朝，它延续了 250 年以上，直到 1911 年才灭亡。

满洲人的数量仅占中国人口的一小部分，而且有不同的文化、语言和文字。他们坚持要求所有非满洲人剃去头发，只在后脑勺留一根长长的辫子，以作为

---

① 这个禁令直到 1720 年才撤销。
② 北京的陷落导致明朝的末代皇帝上吊自尽。

臣服的标志。他们在扩张帝国领土方面取得了惊人的成功，只用了30年就彻底征服了中国，包括反抗满洲人的最后据点——台湾岛。

此时的俄罗斯

在日本闭关锁国后不久，俄罗斯做出了西方化的最初尝试。17世纪中叶，俄罗斯是一个幅员辽阔、地处偏远的欠发达国家。这个国家对外贸易很少，而且军力贫弱；与欧洲国家在此前几个世纪经历的变化形成鲜明对比。不仅如此，"俄罗斯不曾或者很少接触过催生了西方文明的历史事件：罗马天主教、封建主义、文艺复兴、宗教改革、海外扩张和殖民化"[1]。尽管如此，自从莫斯科大公伊凡三世（Ivan III）在1480年宣布不再臣服于蒙古可汗并自封沙皇以来，这个国家还是有所发展。从那时起，俄罗斯领导人开始逐步向东方扩张，并无情地粉碎了一切反抗力量。

1682年到1725年统治俄罗斯的彼得大帝（Peter the Great），实施了一系列改革，将俄罗斯变为强大的近代国家。在彼得统治初期，与奥斯曼土耳其人的小冲突促使他向同样讨厌奥斯曼帝国的欧洲列强寻求支持。在这一过程中，彼得于1697年亲自前往欧洲游历了17个月，先后走访了德国、荷兰、英格兰等国家。

彼得在自己的旅行中了解到西欧国家如何运用新技术和贸易积累实力和财富，决心在俄罗斯如法炮制。回国后，他建立了本国的造船业，对军队进行了近代化改革，重组了政府，禁止了古老的衣着，简化了俄语字母表，促进了教

---

[1] 出自萨缪尔·亨廷顿的著作《文明的冲突与世界秩序的重建》（*The Clash of Civilizations and the Remaking of World Order*）。

〈 俄国的扩张（1462 年 –1796 年）

育事业，甚至对蓄须者征税——所有这一切都是为了使俄罗斯走上西方的道路，进而走出中世纪。但是彼得也有很多缺点：他虽有进步的眼光，但终究是一个残酷无情的领导人；他曾经严刑拷打并处死了自己的儿子，还因为顽固地坚持在沼泽地上兴建圣彼得堡城（St. Petersburg）而导致成千上万劳工死亡。

彼得追求的主要目标之一是获得波罗的海的出海口，并通过建立俄罗斯所缺乏的温水港口来进行海上贸易。1700 年，在与丹麦和波兰秘密结盟后，他率大军开进波罗的海沿岸地区，从而挑起了与瑞典少年国王卡尔十二世（Charles XII）的战争。卡尔起初连战连捷，被誉为"伟大的军事统帅"，但他最终还是输掉了持续 21 年的"大北方战争"。当战争结束时，俄罗斯保住了它获得的新领土，彼得除了沙皇称号之外还被封为"彼得大帝和全俄罗斯的皇帝"。按照彼得的命令，俄罗斯首都从莫斯科迁至圣彼得堡。同时，瑞典失去了在波罗的海地区的霸主地位，而俄罗斯的发展"给其他强国敲响了警钟，以前一直地处偏远而且近乎蛮夷的莫斯科公国已经打算在欧洲事务中发挥作用"[1]。

彼得一世于 1725 年去世，在他死后的 70 年里，除了一些短暂的间隔期外，俄罗斯一直是被女人统治着，其中就包括彼得孙子的德国妻子——叶卡捷琳娜大帝（Catherine the Great）。在这个时期，俄罗斯继续扩张，将其边界推进到了中欧腹地，但是却仍未能跟上西方快速的发展步伐。叶卡捷琳娜也曾考虑效仿彼得推行改革，但是当法国国王路易十六（Louis XVI）在法国大革命中被处死后她就改变了想法。由于未能实施改革，俄罗斯民间的不满情绪不断增长，最终导致革命爆发。

---

[1] 出自丰塔纳出版社出版的由保罗·肯尼迪著作的《大国的兴衰》（*The Rise and Fall of Great Powers*）。

普鲁士王国
（1701 年 –1871 年）

在俄罗斯西面，1648 年的《威斯特伐利亚和约》将神圣罗马帝国分割成 300 个不同的诸侯国。其中一个公国普鲁士在 1701 年成为王国，并在第一任国王腓特烈一世（Frederick I）领导下发展壮大。他的儿子腓特烈二世（Frederick II，又名腓特烈大帝）在 1740 年继承王位时，还同时继承了欧洲当时最先进的陆军。腓特烈二世一心想让自己的霍亨索伦王朝与法国的波旁王朝和奥地利的哈布斯堡王朝（这两个敌对王朝主导了 18 世纪的欧洲政局）比肩，因此借机让自己的军队在两场大战中接受了考验。其中一场是为了争夺奥地利的哈布斯堡皇帝查理六世（Charles VI）的继承权，结果打成了空耗国力的僵持局面。另一场发生在 1756 年，是因他占领奥地利和普鲁士之间的土地而起。

这些战争的结果是普鲁士和俄罗斯赶超西班牙和荷兰成为主要强国。波兰因为夹在这两国之间而不幸惨遭瓜分，失去了作为独立国家的地位，直到第一次世界大战以后才获得重生。

但是腓特烈二世并不知道，他开疆拓土的行为将引发一场使所有欧洲强国卷入并波及美洲的大战。在这场战争中，英法两国耗费巨资在美洲展开角逐，最终的后果将是引发美国独立战争和法国大革命。

七年战争
（1756 年 –1763 年）

从 1754 年起，法国和英国为了争夺在美洲的领土归属和利润丰厚的毛皮贸易的控制权发生了多次公开冲突。随着战争在欧洲爆发，美洲大地也终于在 1756 年被战火燃遍。依靠曾经受到英国人驱赶和虐待的土著印第安人的大力支持，法国人起初占了上风，但是在 1758 年，英国新上任的国务大臣威廉·皮特（William Pitt）在接过负责战事的重任后扭转了战局。皮特是个优秀的演说家，又对自己的能力极为自信，他曾经公然表示："我知道我能拯救这个国家，其他人都不行。"

掌握制海权的英国海军在 1759 年歼灭了法国舰队，从而削弱了法国为其在美洲的军队提供补给的能力。当蒙特利尔（Montreal）和魁北克（Quebec）落入英国人之手后，法国人终于大难临头。到了 1760 年，整个法属加拿大都成为英国人的囊中之物，他们实际上已经赢得了战争，但是结束战争的和平条约要到 1763 年才签订。出于对实力平衡的考虑，西班牙人在 1762 年终于决定支援法国人，但是他们的支援来得太晚，所起的唯一作用就是把古巴丢给了英国人。

这场战争在美洲造成了巨大影响：英国获得了密西西比河以东的所有北美土地，包括从法国手中夺取的加拿大和从西班牙①手中夺取的佛罗里达，大英帝国版图大幅扩张，成为当时全世界最大的殖民帝国。另一方面，法国在各条战线都惨遭失败，几乎失去在北美大陆的全部领土，只保住了新奥尔良（New Orleans）和加勒比海（Caribbean）的几个产糖小岛。这不仅宣告了法国在美洲的殖民帝国的末日，也终结了法国在这一地区的政治和文化影响。

英国在北美的 13 个殖民地一度为解除了法国人的威胁而欢欣鼓舞，但是 1763 年的一道皇家公告却使他们的喜悦烟消云散：北美大陆的移民被禁止开垦阿巴拉契亚山脉以西的印第安土地。边境居民、土地投机商和大部分殖民者对英国人的统治日益不满，而英国人又无力消除这种不满情绪，于是北美成了一个只需要一点火星就会爆炸的火药桶。

---

① 西班牙人用佛罗里达换回了古巴。

∧ 美洲的英属领地

1763 年英属领地

十三殖民地

大西洋

1763 年公告线

俄罗斯

加拿大

阿巴拉契亚山脉

印第安
保留地

密西西比河

佐治亚

西佛罗里达

东佛罗里达

密苏里河

路易斯安那
（法属）

西属

巴哈马群岛

西属

海地
（法属）

加勒比海

古巴
（西属）

牙买加

伯利兹

蚊子海岸

墨西哥湾

西属

英属
领地

1750 年英属领地　鲁珀特地（英属，1750 年范围）

十三殖民地

大西洋

法属加拿大

新法兰西

俄核俄河
印第安
领地

密西西比河

密苏里河

路易斯安那（法属）

西属

巴哈马群岛

西属

佛罗里达
（西属）

海地
（法属）

加勒比海

古巴
（西属）

牙买加

伯利兹

蚊子海岸

墨西哥湾

西属

西属

欧洲人主宰印度

七年战争的战火也烧到了印度，英国人在那里驱逐了法国人。此前莫卧儿（波斯语中"蒙古人"的发音）王朝统治着印度的大部分地区，其开国皇帝巴布尔是帖木儿和成吉思汗的后裔，信奉伊斯兰教，在 1526 年的帕尼帕特之战（Battle of Panipat）中击败德里苏丹，征服了印度北部。莫卧儿帝国在巴布尔的孙子阿克巴在位时达到鼎盛，此人因为开明的思想和对不同宗教的宽容态度而被称为"阿克巴大帝"（Akbar the Great）。

英国人通过东印度公司（East India Company）利用了阿克巴统治下的稳定局面。东印度公司是 1600 年伊丽莎白一世在位时成立的一个贸易公司，被授予了垄断英国与亚洲全部贸易的权力。由于荷兰人已经独霸香料群岛，东印度公司认识到自己在该群岛建立贸易点的任何努力都不会成功，于是很快将注意力转向印度。英国人认为既然在印度贸易机会很多，那又何必打一场很可能会输掉的香料战争呢？恰逢欧洲对印度织布工生产的棉布的需求急剧增长，因为这种产品与当时欧洲普遍使用的羊毛织物相比既实惠又耐洗，而且重量较轻，更不会使人发痒。没过多久，东印度公司就在印度沿海建立起大量贸易点，其中主要的几个——孟买（Bombay）、马德拉斯（Madras）和加尔各答（Calcutta）——后来都发展成了大都市。

当莫卧儿王朝的君主在 18 世纪中叶推行宽容度较低的伊斯兰教政策时，激起了占人口多数的土生宗教——印度教信徒的不满。众多地方割据政权随之崛起，纷纷向英国人和法国人寻求支持，并给这两者提供了非常优厚的回报。而正是法国人和英国人之间的矛盾使东印度公司在印度的势力越来越大。

法国人和英国人在 18 世纪 40 年代和 50 年代曾多次在印度大打出手，最终英国人在克莱武男爵[1]领导下在 1757 年的普拉西之战[2]（Battle of Plassey）中决

---

① 又名印度的克莱武（Clive of India）。
② 普拉西是"帕拉西"的英国式发音，该地位于加尔各答以北约 150 千米。

定性地击败了法国人。这场战役之所以重要，是因为它使东印度公司从法国人手中夺取了印度的独霸权。战后，孟加拉王公被迫支付了巨额战争赔款，这进一步助长了英国人在印度的扩张，使他们得以把自己挑选的傀儡推上莫卧儿王朝的皇帝宝座。在此后的100年里，东印度公司在印度投资建设了不少基础设施，希望通过这种投资来促进贸易。

印度教

印度教是全世界现存宗教中最古老的一个。虽然我们并不清楚它的确切起源，但它应该是在大约4000年前发端于印度北部的印度河谷或其附近，至今接受这种信仰的绝大部分人口仍然居住在印度[1]。和其他主要宗教不同的是，印度教并没有创始人或先知。它的信徒崇拜被称为"梵天"的至高神，这个神有许多特质和形态，在众多依他所生的神祇身上都有很好的体现。

印度教相信转世轮回，即由出生、死亡和重生组成的无尽循环，前世的经历决定了后世的命运。按照印度教的信仰，人类终将在某个时间领悟自身的过错，从而结束受难的轮回。而这将带来最终的救赎。数千年来，印度教一直强制实行等级森严、厚此薄彼的种姓制度，这种制度的源动力来自迷信、传统和宗教信仰，至今仍阴魂不散。甚至有人认为：种姓制度中对宿命的关注扼杀了人的主观能动性，这可能也是莫卧儿王朝和英国人都能够轻松控制印度的原因之一。

---

[1] 今天有多达80%的印度人自称信奉印度教。

美国独立战争
（1775 年 –1783 年）

虽然得到了从印度流入的大笔财富，七年战争造成的巨额开支还是令英国陷入财政危机，而美洲殖民地的防务又成了新的负担。因此英国政府千方百计使其殖民地自担防务费用，从对蔗糖贸易收税到要求所有法律文件付费盖戳，不一而足。但是由于美洲殖民地拒绝向没有它们自己的代表参与的政府缴税，这些法案中有多项被迫废止。

具有讽刺意味的是：激起最大民愤的是某一项赋税的废止，而非增加。东印度公司需要向英国政府缴税，但是与东印度公司竞争的走私者运进美洲的茶叶使通过正规渠道的茶叶销量减少。如果东印度公司能够将茶叶直接出口到美洲，从而规避需要在伦敦缴纳的关税，那么茶叶价格就会下降，而东印度公司的茶叶销量将会增长，从而缩短东印度公司补缴税款所需的时间。

由于担心这会影响自己的生意，走私贩子和一些反对英国统治的知名人士合伙，在 1773 年 12 月将 340 箱东印度公司的茶叶倾倒进波士顿（Boston）港湾中以示抗议。从此这些人被称为"波士顿茶党"，而他们的行为激起了伦敦方面的强烈反应，包括封闭港口、派遣英国军队维持秩序并迫使殖民地服从英国议会决定——这一举动对习惯于依赖这支军队保护自己的殖民地人民来说具有极为重大的意义。

1775 年 4 月，英国军队前往美洲东北海岸城市波士顿附近一个名叫康科德（Concorde）的小镇收缴民间私藏的武器。结果在收缴过程中发生交火，美国革命就此爆发。当时谁都没有想到，要经过 8 年残酷战斗以后，英国才会承认美洲殖民者在 1776 年 7 月 4 日就宣布的独立。

这场战争之所以会持续这么长时间是因为双方都不愿妥协。最后英国人是被长达 4800 多公里的补给线、他们无法适应的严冬和纯粹的坏运气共同打败的。美国方面则幸运地出现了一位杰出的领导人——乔治·华盛顿（George Washington），他在 1789 年成为美利坚合众国的第一任总统。对英国来说雪上加霜的是，法国、西班牙和荷兰都趁机对英国宣战。英国人没有想到，他们要到 1815 年才能看到和平；而法国人更是没想到，他们支持一群平民反抗其君主的行为竟会让他们自食恶果。

1783 年签订的和约正式结束了这场战争，美国人获得了密西西比河以东介于加拿大和佛罗里达之间的全部土地。值得一提的是，虽然美国的领土通过这一场战争增加了一倍（在 1803 年，美国人从法国手中购得路易斯安那（Louisiana）以后还会再增加一倍），但此时西班牙在美洲拥有的领土还是要比美国人更大。

未知的南方大陆

美国革命造成一个出人意料的后果，那就是推动了其在澳大利亚的殖民。早在古代，就有人提出了所谓 "Terra Australis Incognita"（意即未知的南方大陆）的概念，认为它起到了平衡赤道以北大陆重量的作用。大约 5 万年前就被澳洲原住民占据的澳大利亚（Australia）因为上一次冰河时代末期的海平面上涨而与世界其他地区隔绝。直到 1606 年，一个荷兰人威廉·扬松（Willem Janszoon）在寻找通往东方的新贸易路线时登上这片大陆的西海岸，欧洲人才知道了它的存在。不过，威廉·扬松当时并没有意识到这是一片独立的大陆。

1644 年，另一个名叫阿贝尔·塔斯曼（Abel Tasman）的荷兰人探索了这片大陆的北部，并将它命名为新荷兰——这个名称将从此伴随这片大陆 100 多年。此前，塔斯曼还在 1642 年发现了新西兰，将它命名为新泽兰（Nieuw Zeelandia），很可能是借用了荷兰的泽兰省（Zeeland）之名。不过塔斯曼从未踏上该岛，而其他荷兰人后来也没有继续他的发现之旅。

荷兰人没有在澳大利亚殖民主要是出于两个原因：首先，他们对既有的亚洲市场的交易更感兴趣；澳大利亚看上去干旱而荒芜，因此主要被用作欧洲前往东印度群岛过程中的导航地标，或者作为补充淡水的落脚点。其次，在 17 世纪，欧洲列强之间征伐不断，荷兰人并没有多少资源能用来开垦新大陆。

直到 1770 年，英国人詹姆斯·库克上校（Captain James Cook）才登上这块大陆此前一直无人探索的东岸，并宣布它是英国领土（此前他已经在 1769 年宣布将新西兰纳入英国国王名下），还将这片领地命名为新南威尔士（New South Wales）。当此前许多年里一直作为英国囚犯流放地的北美各殖民地在独立战争中的胜势已不可逆转时，澳大利亚很快就被升格为英国安置国内不需要的罪人的地方。

1788 年 1 月，在杰克逊港【Port Jackson，后来以英国内政大臣之名被改名为悉尼（Sydney）】附近建立了一个惩戒殖民地，用于安置 736 名在 8 个月前离开英格兰的囚犯。与囚犯一同来到此地的还有一些渴望冒险和打算利用廉价劳动力的企业家。澳大利亚的移民活动就此正式开始。

土生土长的澳洲原住民得到的待遇与欧洲移民在世界其他地方发现的土著所得到的待遇没什么两样——被视作可以随意杀戮的草芥。澳洲原住民像野兽一样被捕杀的事例并不罕见，还有很多人被他们无法免疫的欧洲疾病所消灭。

直到 1840 年，新西兰的土著毛利人才通过《怀唐伊条约》（Treaty of Waitangi）接受了英国君主的统治，成为大英帝国的臣民。澳大利亚和新西兰都成了为英国供应羊毛和小麦的优秀产地，在 20 世纪的两场世界大战中还为英国提供兵员支持。这两个国家至今仍作为英联邦的成员与英国维系着深厚的纽带。

19 世纪

第六章

法国大革命

(1789 年 –1799 年)

　　帮助北美殖民地脱离英国独立的那场战争也使法国王室付出沉重代价，以至于法国国王路易十六不得不寻找新的敛财方法来填补空虚的国库。具体说来，就是这位国王很想取消教士（第一等级）和贵族（第二等级）一直以来都享有的免税待遇。在这两个等级都拒绝纳税后，路易决定召开法国类似议会的一种集会——三级会议。三级会议的参与者不仅有前两个等级，还包括由农民、中产阶级和城市手工业者组成的第三等级，而这个等级的人数占法国总人口的 95% 以上。上一次召开三级会议是在 1614 年，当法国在 1789 年 5 月终于又迎来一次三级会议时，顿时激发了民众对于改革的热切期望；当时法国的大部分税赋都落在不断成长的中产阶级头上，他们希望通过这次会议发出更大的呼声。

　　但是事态的发展并不符合国王的计划。在发现贵族和教士不公平地垄断了表决权之后，第三等级的代表们愤然离场，自行组建了"国民议会"，以"自由、平等、博爱"为口号，发誓要为法国制定一部让他们获得应有的尊严的宪法，不达此目的绝不解散。与此同时，一连串的农业歉收导致当时人民的主食——面包价格飞涨。通过 18 世纪法国启蒙哲学家的著作发展起来的挑战旧秩序的思想浪潮更是激发了人民的革命热情。

　　由于一度有谣言说，位于巴黎郊外凡尔赛（Versailles）的国王行宫附近有一支军队正在集结，受到刺激的愤怒民众急切地想武装起来自卫。为了得到枪炮和火药，暴民们在 7 月 14 日冲击了巴黎的主要监狱——巴士底狱（Bastille）。虽然当时这座监狱里只关押了 7 名囚犯，但这一事件具有推翻国王权威的象征意义，因此这一天被公认为法国大革命的开端。

　　国王犹豫不决，被迫接受了人民用他们自己组建的民兵取代王室军队的要求。当他和自己的奥地利妻子玛丽·安托瓦内特（Marie Antoinette）一起被暴民从凡尔赛押送到巴黎市中心以方便密切监视后，他们意识到逃跑才是上策。最终他们在 1791 年 6 月实施了出逃计划。但是，虽然他们做了乔装打扮，还是在离边境只有 20 千米的地方被人认出，结果又被押回巴黎，正式关入监狱。新成立的法兰西共和国最终在 1793 年 1 月处死了国王，王后也在同年 10 月得到同样的下场。从那时起，"法国的革命成了全欧洲的战争：它不是人们熟悉的、在不同君主之间为了争夺领土而进行的旧式战争，而是在人民和国王之间为了终结旧体制和实现新社会的梦想而进行的新式的意识形态战争"[1]。

整个欧洲都被震动：一个国王竟然被自己的臣民杀死了；不仅如此，这场革命还有蔓延到法国境外之势。在统治奥地利的神圣罗马帝国皇帝利奥波德二世（Leopold II，他也是玛丽·安托瓦内特的哥哥）拒绝把被指控阴谋反对革命的法国流亡分子遣送回国后，法兰西共和国随即对他宣战。出于对革命的恐惧，欧洲各国组织联军与法国对抗，由此开始了一场波及全球并造成可怕灾难的战争，战火一直烧到 1815 年才熄灭。

随着国家被各路敌人包围，极端主义者很快在法国国内掌权，任何发表反革命言论的人都被判定为人民公敌并送上断头台。具有讽刺意味的是：这一恐怖运动的两名领导人——马克西米连·罗伯斯庇尔（Maximilien Robespierre）和乔治·丹东（Georges Danton）也双双在 1794 年以这种方式被处决。

拿破仑·波拿巴：法兰西皇帝
（1799 年 –1815 年）

在革命热情的鼓舞下，法国人很快取得了一连串惊人的胜利。出生于科西嘉岛的年轻军官拿破仑·波拿巴（Napoleon Bonaparte）立下的战功尤其显赫，

---

① 出自企鹅出版社出版的由大卫·汤姆森所著的《拿破仑之后的欧洲》（*Europe since Napoleon*）。

因而深得人心。虽然拿破仑也有过不光彩的失败，例如在他尝试征服埃及并切断英国到印度的贸易路线时，就败于英国人霍雷肖·纳尔逊（Horatio Nelson）之手，但是在 1799 年，年仅 30 岁的他还是成功掌权并宣布建立军事独裁统治，且没有遭到太多反对。5 年以后，拿破仑成为法兰西皇帝，还将教皇请到巴黎圣母院为自己加冕，但是在加冕典礼上他做出了惊人之举：在最后一刻自己把皇冠戴到头上，以此表明他控制的不仅仅是法兰西，还有他自己的命运。

但英国人继续用行动打击着拿破仑的雄心，特别是在 1805 年，他们在西班牙西南海岸附近的特拉法尔加之战（Battle of Trafalgar）中击败了法国和西班牙的联合舰队——在此战中，英国人摧毁或缴获了 20 艘法国和西班牙的军舰，自己则一艘都未损失。不过拿破仑因失败而感到的愤怒或许多少能被一个好消息所缓解：他的老冤家纳尔逊也在此战中受了致命伤，最终不治身亡。尽管在海上吃了败仗，法国人在陆地上却继续无往不胜，在短时间内就连续击败了奥地利、俄罗斯和普鲁士军队。

英国人越来越担心欧洲可能被一个敌对的强国所统一，因此组织了一个新的反法同盟，而此举自然令拿破仑怒火中烧。由于英国海军牢牢掌握着英吉利海峡的制海权，令拿破仑无法入侵英国，于是他便设法实施针对英国商品的封锁政策，禁止英国人将商品出口到在他控制下的任何一部分欧洲地区——甚至包括与他结盟对英封锁的国家——还宣布所有英国船只都是合法的劫掠对象。他希望这一措施能迫使英国委屈求和。

大多数国家都顺从了拿破仑的意愿，但是英国的老盟友葡萄牙却是个硬骨头。拿破仑以此为由在 1808 年入侵伊比利亚半岛，并将自己的哥哥约瑟夫（Joseph）扶上西班牙王位。葡萄牙国王逃到自己在巴西的殖民地，将那里定为葡萄牙帝国的临时首都。令拿破仑惊愕的是，西班牙人不愿让法国人当自己的国王，结果在英国人的支援下，整个伊比利亚半岛成了困扰拿破仑多年的大难题，在他需要关注其他地方的时候成功地牵制了他的注意力。

尽管在伊比利亚半岛遭遇挫折，截至 1812 年，拿破仑还是控制了欧洲四分之一的人口；他的家族成员分别坐上了西班牙、那不勒斯和荷兰的国王宝座；在欧洲建立起一个全新的帝王家族。他甚至娶了哈布斯堡家族的奥地利皇帝弗朗茨一世（Francis I）之女玛丽·路易莎（Marie Louise）为妻，而此女恰好是在大革命中被处死的法国王后玛丽·安托瓦内特的侄孙女。

拒绝与法国人合作的不仅仅是葡萄牙人，俄国人也在继续与英国人贸易。出于对俄国沙皇的不信任，拿破仑在1812年夏季率领大约50万人入侵俄罗斯，但是俄国人采用了焦土政策①，让拿破仑的大军找不到粮食充饥。由于疫病、逃亡以及在莫斯科郊外博罗季诺（Borodino）的一场胜负难分的战役（在此役中拿破仑麾下约有5万名士兵战死），在拿破仑攻下莫斯科时，他手头已经只剩10万人马。

厄运还在后头，当拿破仑终于明白俄国人毫无投降的意愿时，他的大军不得不在俄罗斯的严冬中撤退。虽然逃亡和饥饿没能消灭法军，"冬将军"和"斑疹伤寒将军"却成功击垮了他们。最终，当初出征的50万大军只有大约2万到4万人得以生还。在征途中死去的军马数量也极为庞大，有人估计高达20万匹，这也直接导致了拿破仑在此后数年中的多次失败，因为在那个时代骑兵是决定战斗胜负的关键。

和之前的哈布斯堡帝国一样，拿破仑不断扩张的帝国也对其他欧洲列强造成了威胁。这些强国因他在俄罗斯的失败受到鼓舞，再度结成同盟与他为敌，并在1814年兵临巴黎城下，迫使他黯然退位。随后拿破仑被流放到地中海上的小岛厄尔巴（Elba），他在那里事实上统治着一个享有主权的公国，还拥有一笔收入和君主头衔。尽管如此，拿破仑并不是一个会轻易放弃的人，他伺机逃出这个小岛，召集起一大群忠于他的士兵，浩浩荡荡穿越法国，最后一次向欧洲发起挑战。

但是属于他的时代已经过去了。1815年，在今天比利时的布鲁塞尔（Brussels）

---

① 军事战略，指当敌人进入或撤出某处时破坏任何可能对敌人有用的东西。

附近，他终于被威灵顿公爵（Duke of Wellington）率领的一支联军在滑铁卢之战[1]（Battle of Waterloo）中彻底击败，随后被放逐到南大西洋的圣赫勒拿岛（St. Helena）上，置于英国卫兵的严密看管下。在如此偏远的世界角落，他再也无法兴风作浪。于是平静地生活了6年，于1821年死于癌症，终年51岁。

　　拿破仑对权力的渴望给他带来了死亡和毁灭，而且"他非但没有建立起一个在法国主导下统一的欧洲，反而推动了民族主义的发展，最终引发了第一次'世界大战'"[2]。尽管如此，他实施的众多改革还是改变了欧洲的面貌：他颁布的一部法典（拿破仑法典）成为今天许多欧洲国家司法制度的基础，而他的执政方式则动摇了旧秩序下的各种制度和信仰。无论是好是坏，他毕竟使革命的世俗主义（政教分离）进入了主流思想。也正是由于拿破仑在埃及的征战，我们才会发现罗塞塔石碑（Rosetta Stone），从而得以将古埃及的象形文字翻译出来，这个发现后来为全人类打开了探索古埃及历史的大门。

工业革命
（18 世纪 80 年代 –1900 年）

　　英国在18世纪也同样经历了一场革命，只不过是另一种形式的革命。工业革命是人类历史上的一个重大转折点，有人甚至称它是自农业出现以来影响最为深远的人类社会变革。

　　在18世纪初，英国和世界大部分地区都是以农业为主要生产方式，各种经

---

　　① 威灵顿公爵称此战是"该死的险胜"。
　　② 出自 Palgrave MacMillan 出版社转载的威廉·伍德拉夫所著的《现代世界简史》（*A Concise History of the Modern World*）。

济活动都围绕着利用或依赖土地生产出来的产品进行，主要是粮食作物和羊毛。当时英国只有 500 万人，他们的预期寿命也不长，营养不良和饥荒都是常有的事。不仅如此，当时也没有电力，没有汽车和火车，只有风力、水力、畜力和手工劳力。任何人在 1750 年的旅行速度都不比 1800 年前的恺撒快。

但是在很多方面，英国与它的大陆邻国相比都处于有利地位。从地理上来讲，"从地中海到大西洋的主要贸易路线的稳定变迁，以及在西印度群岛、北美洲、印度次大陆和远东进行的殖民和商业冒险活动产生的高额利润，自然而然地会使一个位于欧洲大陆西方侧翼附近的国家受益"[1]。在很长一段时间里，英国垄断着与其北美殖民地以及英国其他殖民地的贸易，既得到了原材料供应，又获得了针对制成品的需求。经济活动已经变得全球化，而英国正处在其中心位置。

英国本土也有其他优势，例如存在大量可以轻易开采的煤和铁矿石（这两种自然资源将成为工业化的基础）；政府采取的自由放任态度鼓励了创新和贸易；而敢于冒险的私营部门又积累了可用于投资的资本。最后，英国国内没有商业税，因此与欧洲大陆相比，商品在英国国内的运输成本很低。

英国此时也即将迎来前所未有的人口爆炸。农业改革催生了更大的农场，从而提高了粮食产量，导致食品价格下降。依靠从殖民地定期进口的肉类，人们的饮食结构也得到了改善。医疗知识和卫生条件方面的进步意味着幼年夭折的人大大减少，平均预期寿命也随之增加。还有一点很重要，食品价格降低意味着人们不必把自己赚到的一切都花在饮食上，因而可以购买其他产品。这又导致增加制成品产量的压力越来越大，其中最抢手的就是纺织品。

人们对棉布——无论是产自英国本土还是产自其殖民地——的需求几乎是没有止境的，因为棉布穿在身上要比羊毛顺滑很多，而且它更耐久也更便宜，

---

[1] 出自丰塔纳出版社出版的由保罗·肯尼迪所著的《大国的兴衰》（*The Rise and Fall of the Great Powers*）。

更何况还易于清洗。进口的棉布数量之大甚至使英格兰在 1700 年为了支持本土羊毛产业而禁止从印度进口棉布。商人们采取的对策是改为进口原棉，在英国国内制造成品。这样一来就加剧了争夺劳动力的竞争，人力成本因此提高，生产成本也随之水涨船高。

劳动力成本的提高和旺盛的需求相结合，促使商人们为了提高竞争力想方设法降低成本，而不是提高商品售价。于是有人研制出了加快织布生产的机器，帮助本土的棉布不仅在价格上低于印度棉布，而且在精细度和强度方面也胜过后者。但是纺织业的这一成功反而使它面临新的困扰：由于需求增长太快，棉花的供应跟不上生产。最后是一个美国人伊莱·惠特尼（Eli Whitney）解决了问题，他发明的轧棉机使工人的轧棉速度提高到原来的 50 倍。

虽然出现了这些重大的进步，但真正推动工业革命并且改变社会面貌的是蒸汽机在纺织业的应用。早在 18 世纪初就有人研制了蒸汽机，最初用于从煤矿里抽水。18 世纪 60 年代，一个苏格兰工程师詹姆斯·瓦特（James Watt）对蒸汽机进行了改良，而此人的姓氏日后将成为我们使用的功率单位：瓦特。20 年后，瓦特又研制出一种曲柄传动的蒸汽机，能够为织布机提供旋转动力，使其织出棉布。新方法既提高了商品产量，又降低了成本，事实证明它为手摇织布机敲响了丧钟[1]。

英国工业界又发现煤炭是一种廉价而高效的能源，可以用来取代供应量日渐萎缩的木材及其副产品——木炭。钢铁制造商开始越来越多地弃用木炭，改烧煤炭，因为它燃烧起来更清洁，发热量也更大。随着越来越多的机器使用钢铁制造，再加上铁路、火车和船舶制造也需要用铁，对煤炭的需求日益增加。若不是英国的地下本来就有充足的煤炭储藏，工业革命很可能会半途而废，即使不然，也会大大放缓。

---

[1] 技艺熟练的织布工从此被只需要掌握管理机器的技能的非熟练工所取代，这并不是所有人都乐于见到的。有一群被称为“卢德分子”（Luddites）的人以打砸机器的方式抵制新机器的推广。如今“卢德分子”一词被用于指代任何抗拒新技术的人。

在此期间，人们创造了巨额的利润，工业资本家成为不容忽视的强大力量。为了最大限度提高回报，他们中的许多人将资本投入改善煤炭和工业制成品的运输所需的基础设施中。运河、铁路和公路都得到了大笔投资。不再依靠风力推进的蒸汽船逐渐取代了可靠性较低的帆船，而蒸汽动力的火车头更是掀起了陆地交通的革命。

由于交通网络得到改进，再加上大规模生产造成的规模经济效应，更多的产品被运到更多人身边，其价格也下降到了他们负担得起的程度。最后的结果就是经济一飞冲天。有人甚至认为，政府税收的增加在英国击败拿破仑的过程中发挥了很大作用，因为这使英国人掌握了法国人无法企及的资金。

与此同时，社会结构也发生了意义深远的革命性变化，国内出现了史无前例的从乡村移居城市的浪潮。起初是因为一些农民被新的农业技术挤垮，为了寻找薪资更高的工作而被动地搬迁到城镇中，但是随着人们对工业制品的需求越来越大，行业本身也需要劳动力大军，于是很快就有数以百万计的人开始向城镇迁移。在各个制造业中心周围发展出了巨大的都市，到了 1850 年，大部分英国人都在工业城镇中工作。但是这些城镇并没有为如此巨大的人口流入做好准备，于是又引发了一系列问题。

统治吧，不列颠尼亚：大不列颠主导世界
（1815 年 -1900 年）

1815 年法国的失败使英国收获颇丰，其获得了好望角和具有战略意义的马耳他、毛里求斯、锡兰（斯里兰卡）等岛屿，以及另一些领地。具有讽刺意味的是，拿破仑强加于其欧洲盟友的对英贸易禁令反而让英国垄断了海外贸易，并帮助它进一步发展壮大。英国在 1815 年以后获得的新领土又扩大了英国商品的销售市场，并为它提供了支持增长所需的原材料。到了 1850 年，英国已经主宰了全

世界的制成品贸易，位于英格兰北部的各个工业中心供应了全球三分之二的棉布。英国还主宰了海运、金融和保险等相关服务业，伦敦因此成为当时全世界最大的都市。19世纪末20世纪初，维多利亚女王（Queen Victoria）治下的大不列颠统治着全世界约20%的陆地。

大约从1830年起，工业革命逐步从英国传播到整个欧洲和美国。为什么其他国家过了这么长时间才开始进行工业化？原因是多种多样的：

法国再也不是英国真正的竞争对手。一切新兴工业发展都被1789年的法国大革命打断了；而拿破仑战争又继续牵制着法国的注意力，直到1815年战败为止，这一战败还使法兰西帝国失去了大片领土；即使到了1815年以后，法国也受困于有限的煤炭供应、恶劣的交通基础设施和对农业的过多关注，更不用说其金融市场还远未成熟。

德国虽然有丰富的煤炭储量，但是直到此时都没有统一。它是由前神圣罗马帝国名下的38个独立邦国组成的"大杂烩"，其中奥地利和普鲁士是最大的两个。既然彼此无法合作，国家本身的进步也就无从谈起。

荷兰虽然是17世纪的超级海上强国和技术领导者，但是从18世纪起就进入了缓慢的衰落期，部分原因是把赌注都押在香料和奴隶贸易上，而忽视了新兴的纺织业。荷兰失去了它在美洲的殖民地，而它的亚洲殖民地的运营成本最终超过了产出。荷兰人还在18世纪被卷入了一系列与贸易和欧洲王室继承权有关的战争。在1795年，法国大军在拿破仑率领下席卷荷兰全境，迫使荷兰人为法国驻军支付高额军费。最后，荷兰投资者本质上是唯利是图的商人，比起投资工业，他们更喜欢在金融市场上放贷，而当时正是工业投资决定了国家强弱的时代。

俄国缺少对于工业化成功至关重要的中产阶级，它虽然有强大的数量优势，"却还是技术上落后、经济上欠发达的国家。极端的气候、遥远的距离和恶劣的交通状况都是造成这种状况的原因，但严重的社会缺陷也难辞其咎：沙皇的军事专制，东正教会对教育的垄断，官僚机构的贪赃枉法和变幻无常，还有农奴制度，都使该国的农业处于封建的停滞状态"①。

在北美，农业和商业历来都优先于工业生产，即使到了 19 世纪 20 年代和 30 年代，工业也只是在北方刚刚起步。在很长一段时间里，美国最富裕的阶层一直是南方的棉花种植园主，由于已经有了现成的奴隶劳动力，他们并没有将利润再投资到机器上。亚洲也被相同的问题困扰：劳动力过于便宜，同样使人们没有投资购买机器的动力的需求。

欧洲大陆赶超工业化的英国的转折点是人口增长，它导致市场扩大和劳动力供应增加。

社会主义的发展
（19 世纪）

但是工业化也给社会带来许多问题：欧洲的城市基础设施并没有为工业快速增长带来的人口激增做好准备；工业化的副产品是严重的人口过度集中、疾病、贫困和动荡——这样的状况又被大众媒体突出报道。在欧洲各地新建的工厂中，争取平等的渴望日益增长，社会主义意识形态由此诞生。

卡尔·马克思（Karl Marx）来到英国后，写出了两部构成社会主义思想基础的著作：《共产党宣言》（the Communist Manifesto）和《资本论》（Das Kapital）。他主张：可以把社会发展史看作一部阶级斗争史，而不是国家或个人之间的冲突史；工人最终将会揭竿而起，反抗企业老板（也就是资产阶级），为阶级斗争的时代画上句号；"无产者在这个革命中失去的只是锁链。他们获得的将是整个世界。全世界无产者，联合起来！"工业资本主义终将崩溃，被

---

① 出自丰塔纳出版社出版的由保罗·肯尼迪所著的《大国的兴衰》（The Rise and Fall of the Great Powers）。

没有阶级之分的共产主义社会所取代。虽然他的著作直到19世纪70年代都少人问津，但是终将成为20世纪的共产党政权的主要思想来源。

南美独立运动
（1808年–1826年）

18世纪的美国革命和法国革命，以及在欧洲延续到19世纪的拿破仑战争，对世界的另一部分也产生了极其重大的影响，这个地方就是南美洲。1800年，南美洲全境基本上仍然被西班牙人和葡萄牙人控制着，但是仅过了26年，这两个欧洲帝国在新大陆保有的土地就只剩下了西班牙人在加勒比海占据的古巴群岛和波多黎各。即便是这两个地方，经过1898年的美西战争以后，也成了美国的受保护国。

南美洲的当地人民一直对西班牙离心离德，这是多种因素综合造成的，其中包括西班牙在经济方面的管制，殖民地政府的独裁专制性，以及西班牙出生的西班牙人相对于克里奥尔人（父母为西班牙人，但出生在美洲）所享有的特权等等。拿破仑在1808年对伊比利亚半岛的入侵给了当地人挣脱殖民主义枷锁所需的借口和革命动力。在以西蒙·玻利瓦尔①（Simon Bolivar，他堪称是拉丁美洲的乔治·华盛顿，玻利维亚的国名就源自他的姓氏）和何塞·德·圣马丁（Jose de San Martin，他领导义军解放了阿根廷和智利）为代表的自由斗士领导下，西班牙在南美占据的大部分土地截至1825年都获得了独立地位。巴西则直到1889年才成为共和国。

至于巴西，当地人民直到1815年拿破仑被彻底击败，1808年逃到巴西的葡萄牙王室回到里斯本后才开始谋求独立。葡萄牙摄政王的儿子在1822年通过一场相

---

① 玻利瓦尔还被尊称为"El-Libertador"，意即"解放者"。

委内瑞拉
1811 年

哥伦比亚
1810 年

厄瓜多尔
1822 年

秘鲁
1821 年

玻利维亚
1825 年

智利
1810 年

圭亚那
1966 年

苏里南
1975 年

法属圭亚那
（法国海外属地）

巴拉圭
1811 年

乌拉圭
1828 年

阿根廷
1816 年

巴西
1822 年

大西洋

太平洋

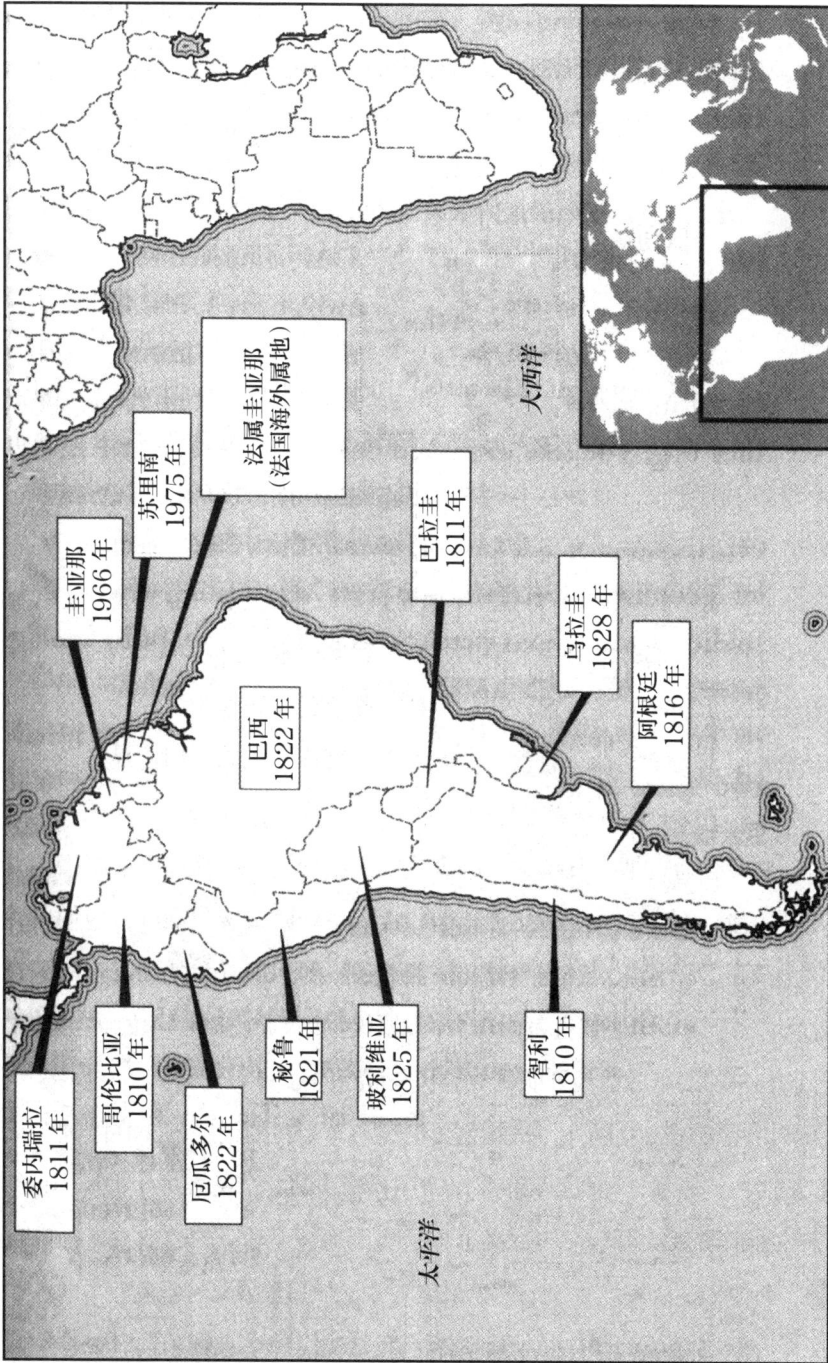

∧ 南美独立运动

对流血较少的政变成为独立巴西的皇帝。南美人民并没有完全得到他们所期望的自由；由于缺少管理国家事务的经验，大部分独立国家很快就落入军事独裁者手中。

民族主义和自由主义的兴起
（19 世纪）

当维也纳会议（Congress of Vienna）在 1815 年召开时，旧秩序起初似有复辟之势。25 年的漫长战争把许多人的耐心消磨殆尽，他们把自己的国王和皇帝视作统一与和平的象征，而拥有土地的人也并无兴趣支持旨在剥夺自己财产的运动。波旁王朝回到法国，立路易十八（Louis XVIII）为国王，而西班牙则立费尔南多七世（Ferdinand VII）为王。奥地利和普鲁士作为新成立的德意志联邦中两个最大的国家，都非常希望限制民族主义和自由主义这两种新生力量。沙皇亚历山大（Alexander）甚至提议让俄罗斯、奥地利和普鲁士结成神圣同盟，这个同盟表面上是为了宣扬基督教，实际上它的目标是压制一切造反势力，包括任何改变既有制度的自由主义思想。

但是，拿破仑通过推行改革和鼓励民族主义精神，已经释放出了越来越难压制的变革力量。在西欧，工业化使不断壮大的中产阶级腰包渐鼓，他们逐渐接受了民主革命的思想，对秘密警察、非法逮捕、新闻审查和独裁政治的容忍度越来越低。这个阶级想要获得言论自由、投票权、代议制政府和自由经济等等；毕竟，法国和美国的革命已经证明挑战现状是可行的。

除了自由主义思想发展外，民族主义也成为人们新的话题——在欧洲东部和中部，生活在奥地利、奥斯曼和俄罗斯帝国桎梏中的各个民族对此尤其热心。这些国家的统治阶级认为，民族主义思想只要得到一点呼吸的空间，就会导致帝国瓦解。而他们扼杀民族主义的尝试最终导致了战争爆发。

西班牙和希腊在 19 世纪 20 年代率先发生暴动。最终西班牙政府艰难地镇压了起义，但希腊的独立运动却使该国在 1832 年成功摆脱了奥斯曼的统治。

法国也紧随其后。由于继承哥哥路易十八之位成为法国国王的夏尔十世（Charles X）实行新闻审查制度，企图控制议会，而且在思想自由问题上大体持不开明的态度，愤怒的巴黎人揭竿而起。1830 年，夏尔被迫退位，不久逃亡到英国。此后，他较为温和的堂弟路易－菲利普（Louis-Philippe，此人是路易十四弟弟的后代）被立为国王。这一年革命思想传播到欧洲各地，虽然没有形成真正的革命高潮，但旧秩序也未能彻底摧垮新的政治意识形态的萌生。

1848 年，全欧各地再次爆发起义，这一次势头更猛。渴望推翻哈布斯堡统治者的匈牙利人群起造反，但最终还是被镇压下去。捷克人要求成立属于自己的政府，而奥地利人被赶出了意大利北部。在法国，路易·菲利普被驱逐出境，第二共和国宣告成立。拿破仑的侄子路易－拿破仑·波拿巴（Louis-Napoleon Bonaparte）通过全民普选，当选为法国总统。当他意识到宪法禁止他连选连任之后，便发动政变，解散了法兰西第二共和国，成为独裁者。一年后的 1852 年，他自封为法兰西第二帝国的皇帝拿破仑三世（Napoleon III）——他相当成功地在皇帝宝座上一直安坐到 1871 年法国在普法战争中被普鲁士击败为止。路易·拿破仑最终隐居在英国，而后在一次手术中去世。

而英国政府通过在最后一刻向工人阶级做出某些让步，惊险地避免了革命。俄国的革命还有待时日。

中亚的大博弈
（19 世纪）

虽然英国的实力在 19 世纪不断增强，但它仍然需要在步步进逼的其他列强面前保卫自己的帝国。随着岁月流逝，俄罗斯对中亚——位于君士坦丁堡和印度之间的土地——表现出了越来越浓厚的兴趣，这片区域也因此成为两个大国争夺势力范围的战场，后世将这场竞争称为"大博弈"。

俄国的南向扩张是引发英国人担忧的最初原因：如果俄国人继续穿越阿富汗南下，就有可能经开伯尔山口（Khyber Pass）入侵印度。因此，英国在1839年入侵阿富汗，企图控制该地区，但是当地人民的奋起反抗迫使英军在3年后羞辱地撤退，途中有16000名军人和平民被屠戮。直到今天，仍然没有一个外来强国能够成功统治阿富汗。

10年后，随着俄国以保护东欧的东正教基督徒为名入侵衰弱的奥斯曼帝国在巴尔干半岛的两个附庸国，英国人更是忧心忡忡。在英国人看来，俄国人侵占的领土大大拉近了他们与达达尼尔海峡（Dardanelles Strait）和博斯普鲁斯海峡（Bosphorus Strait）的距离，而这两个海峡正是连通地中海和黑海的要道。英国人又一次担心这会给俄国人提供前往印度的海上通道，从而威胁英国对那一地区的控制。土耳其舰队在1854年被俄国黑海舰队歼灭，给了英国人宣战的借口，而一心想报1812年征俄失败之仇的法国人也积极地站到了英国一方。

于是克里米亚战争（the Crimean War）开始了。俄国人很快就被赶出了他们新占领的地区，英法联军还打算一鼓作气，快速占领位于今天乌克兰境内的塞瓦斯托波尔（Sevastopol）——俄国海军在黑海的主要基地。由于低估了俄国人的防守能力，战争又拖了一年，直到1855年塞瓦斯托波尔守军才宣告投降。

虽然是英法联军打赢了战争，但是双方都付出了惨重代价，英法两国分别损失多达25000人和10万人，俄方的损失更是数倍于此。虽然护士弗洛伦斯·南丁格尔（Florence Nightingale）和她的同事为了照料受伤和垂死的士兵尽了最大努力，大部分死者还是死于斑疹伤寒、霍乱和痢疾等疾病。直到1865年，法国人路易·巴斯德（Louis Pasteur）才提出致病菌的理论，揭示了大部分传染病都是由细菌或其他微生物引起的。这一发现改变了医学，挽救了数以百万计的生命，成为我们理解有史以来造成无数人死亡的疾病的核心理论。

克里米亚战争的失败导致俄国进行改革：1855年继位的沙皇亚历山大二世（Alexander II）推行了改革和近代化计划。虽然他因为在1861年解放农奴而受到赞誉，但他的改革是俄国式，毫无计划而且管理混乱，最终以他被人暗杀而戏剧性地收场。在此后的岁月里，职业革命家充分利用人民的不满情绪，最终通过 1917 年的"十月革命"接管俄国政权。

鸦片战争

当欧洲经历工业化时期和革命性的变革时，中国也遭遇了巨变。虽然葡萄牙人早在 1517 年就到达中国，但是明王朝的中国人丝毫没有向他们学习的兴趣，反而认为中国和它的种种产物在各方面都更为优越。虽然没有得到平等的待遇，但外国人还是被准许在中国的一个港口——澳门经营，他们从那里进口茶叶、丝绸、瓷器和其他在欧洲需求越来越旺盛的商品。

中国人从一开始就明确表示：一切贸易都要按照他们制定的规矩、通过他们自己的中间商进行，而且欧洲人必须用白银来支付采购付款。问题在于，英国商人的采购数量非常大，而中国人又拒绝用白银购买任何外国商品，这就影响了英国的贸易平衡。苦寻解决之道的英国人发现：如果用商品在印度交换原材料，再用这些原材料和中国人交换茶叶，就可以遏制国库的白银流失。

英国人在印度获取的产品之一就是鸦片，他们欣喜地发现，中国人对这种东西有着贪得无厌的需求。鸦片可以用来镇痛和缓解饥饿感，也可以用来制作吗啡和海洛因，而中国人很快就对这些毒品上了瘾。转眼之间，中国沿海地区就有大批 40 岁以下的居民抽起了鸦片烟，到了 19 世纪 30 年代末，各海外强国每年向中国出口的鸦片已经超过 3 万箱。但是，大部分鸦片都是通过走私方式运进中国的，因为中国政府已经认识到了毒品造成的社会危害，为此颁布了禁令。在 1838 年，因为发现自己的禁令被阳奉阴违，清朝政府宣布所有鸦片贩子都将被处以死刑。1 年以后，政府官员发现这也没能降低鸦片交易量，便没收并烧毁了东印度公司的 2 万箱鸦片，将灰烬撒入海中，并且拒绝给鸦片商人提供任何赔偿。

对英国人来说，从鸦片换茶叶的交易中获得的收入实在太重要，因此对这种公然羞辱不能忍气吞声。他们的对策是派几艘战舰开进广州港，借助它们先进的武器系统轻而易举地击败中国军队，迫使中国人开放了他们的多个港口以供英国人进行贸易。除此之外，中国人还不得不割让香港岛，并为他们销毁的鸦片支付赔偿。在接受所有这些条件之余，中国人还要眼睁睁看着一种令人成瘾的毒品在他们的土地上四处行销。英国国内并非没有人注意到这一点，有个新当选的议员威廉·格莱斯顿（William Gladstone）就指出，恐怕历史上从未有过"一场起因比它更为不义，或是更有可能为我国蒙上永久耻辱的战争"。

鸦片战争的屈辱粉碎了中国虚幻的优越感，也激发了自从 1644 年明朝灭亡以来一直在底层酝酿的反清情绪。与此同时，中国还要面对巨大的人口增长和一系列自然灾害。以上种种因素综合作用，导致贫困和骚动严重加剧，最终为中国历史上规模最大的起义和最为血腥的内战奠定了基础。

中国的内战
（1851 年）

1851 年，一个名叫洪秀全的乡村教师发动起义，他声称自己是耶稣基督的弟弟，被上帝选中在人间建立天国，并由他本人出任国君。他要使中国摆脱包括儒家和佛教在内的邪恶影响，取代腐朽的清王朝，使中国恢复昔日的辉煌。奴役制度、包办婚姻、吸食鸦片、缠足和酷刑都将被取缔。"太平天国"的时代由此开起。

经过洪秀全改造的基督教思想很快就吸引了 100 多万渴望改善社会现状、土地分配制度和妇女平等地位的信徒。这些人蓄起长发作为反抗的标志，因此被称为"长毛发匪"。此后发生的内战持续了 14 年，据粗略估计夺走了大约 2000 万人的生命。

这场起义几乎颠覆了清王朝，尤其是王朝军队被又一场鸦片战争牵制的时候。但是，它最终没能实现它的目标。起义者对仍然在中国被广泛接受的儒家思想大加抨击，他们主张的激进改革把比较富裕的阶层推到了对立面，而他们的领导层因为内斗又不断被削弱。结果他们的军队发生了分裂，而欧洲人因为不能确定自己从清朝政府拿到的特权能否在太平天国统治下延续，也拒绝与太平军交往。最终洪秀全自杀身亡。

洪秀全死后，中国的许多地区落入地方军阀控制之下，清朝政府意识到如果不启动一些顺应时代发展的计划，就将无法维系国家。他们将一些学生送到海外学习西方的学问，还仿照西方的模式建设工厂，研究西方科学。但是由于保守派势力太强，中国没能成功实施任何重大的变革。

到了这个时候，已经有多个西方强国注意到了中国的虚弱，于是开始趁机从中国攫取土地。俄国是第一个趁火打劫的国家，它在19世纪50年代入侵了中国东北方的满洲地区；法国将如今的越南变为自己的殖民地，又于1864年在柬埔寨建立起一个受保护国；英国则在1885年控制缅甸，将它并入印度，顺便还占领了马来西亚；荷兰占据了东印度群岛；日本在19世纪末通过实施自己的近代化计划击败中国，逼迫中国承认日本在朝鲜的利益并割让台湾。由于以上种种事件和其他原因，中国人将19世纪称为"屈辱的世纪"。

印度的革命
（1857年）

1855年克里米亚战争结束后，英国几乎来不及喘息就又要面对印度的一场严重暴动。自从欧洲人来到印度次大陆，当地人的权益就逐渐被这些后来者侵占。基督教的传教士们又进一步挑战当地的宗教和生活方式，在无意之中使很大一部分当地人心生反感。在英国军队推广使用新式的步枪子弹后，这种据说涂了猪油和牛油的子弹分别激怒了穆斯林和印度教徒，于是酝酿了几十年的怨恨和不满终于到了爆发的时候。

1857 年，在普拉西之战 100 年后，由欧洲人训练的印度军队发生哗变，企图从英国人的控制下夺回属于他们的祖国。造反的军队宣誓效忠于莫卧儿皇帝，杀害了许多居住在德里的英国人，随后起义浪潮迅速席卷整个印度。英国人起初有些惊慌失措，但最终还是成功镇压了缺少支持和优秀领导人的起义军。

1858 年，印度兵变的直接后果：英国政府废黜了截至此时已经统治印度 300 年的莫卧儿王朝。皇帝被流放到缅甸，英国政府开始直接管理印度这个人口多于它十倍的国家。在此后的 90 年里，印度三分之二以上的区域都处于英国人的直接统治下，这一时期后来被称为"Raj"，该词语源于梵语中表示"国王"的单词"raja"。

英国政府安置了一名副王，并解散了东印度公司。无论是作为原材料产地，还是作为庞大的出口市场，印度对于英国的价值都是不可估量的，英国绝不会冒失去它的风险。为了避免在印度统治者身份这个问题上产生任何争议，维多利亚女王在 1877 年接受了"印度女皇"的称号。

棉花大王如何引发美国内战
（1861 年 –1865 年）

19 世纪中叶有许多冲突：欧洲发生了革命和战争，中国发生了内战，印度发生了起义。与此同时，美国也即将经历一场浩劫。美国的这场浩劫起源于日渐工业化的北方和依赖棉花与奴隶的南方之间的冲突。

在欧洲，效率更高的机器使人们对原棉和成品棉布的需求有增无减——市场上的各路商家都在千方百计满足这种需求。在察觉这种巨大的商机之后，美国南方腹地的大量种植园开始大力种植棉花。但是，虽然轧棉机解决了将棉花与棉籽分离的大难题，但是棉花仍然需要人工采摘。种植园主只要做些简单的计算就会明白，摘棉花的人越多，能够种植棉花的土地就越多，而他们也会变得越加富有。因此，曾经在 18 世纪末期下滑的奴隶需求又出现了飞速上涨。从 1810 年到 1830 年，美国的奴隶人数几乎翻了一番，而到了 19 世纪 50 年代，奴隶数量几乎占到四个主要产棉州人口的一半。

到了 1840 年，美国生产的棉花已经超过世界上其他任何国家，棉花的出口价值也超过了美国其他所有商品出口价值的总和，为美国早期的发展有效地提供了资金支持。棉花种植园主跻身于美国最富有的阶层。但是他们并没有预见到，南方对棉花和奴隶制度的重视导致它对单一作物经济产生了过分的依赖，而这无益于激励经济多元化。气候不适合种植棉花的北方则与南方正好相反，它的工业化程度不断提高，因此对奴隶的依赖越来越少。随着全球各地对奴隶制度的容忍性越来越低，南方在国内和国际上都日渐孤立。

英国在 1807 年宣布禁止与非洲的奴隶贸易①，而美国也在 1808 年随声附和。尽管如此，原有的奴隶实际上并未得到解放，而美国国内的奴隶贸易已经在奴隶制盛行的几个州发展起来；对进口奴隶的禁令不过是抬高了国内奴隶的价格而已。然而，亚伯拉罕·林肯（Abraham Lincoln）在 1860 年 11 月战胜支持保留奴隶制的竞选对手，成为美国总统，这使南方终于按捺不住了。虽然北方大多数人都对奴隶制问题漠不关心——解放奴隶运动只是少数立场坚定者提出的口号——但这个问题已经足以在南方引发巨大的怒火。以南卡罗来纳州为首的 7 个州在 1861 年 2 月宣布脱离联邦，此时离林肯发布就职演说只过去了 1 个月。美利坚联盟国（the Confederate States of America）由此成立，还选出杰弗逊·戴维斯（Jefferson Davis）担任总统。

当联盟国的军队在 1861 年 4 月进攻联邦设在南卡罗来纳州查尔斯顿港（Charleston）一个小岛上的要塞——萨姆特堡（Fort Sumter）时，林肯除了开

---

① 不过要等到 1834 年，英国国内才会最终废除奴隶制。

战别无选择。他决心在自己的职权范围内尽一切努力阻止国家分裂。在他看来，这远比奴隶制问题更重要。林肯甚至撰写了一封著名的公开信，表示如果保留奴隶制能够结束战争，他就会选择保留它。奴隶制问题绝不是使他在北方当选的唯一议题，而大多数站在联邦一方战斗的北方人也是为了维护联邦而战，并不是为了解放奴隶。另一方面，绝大多数联盟国的士兵并不是奴隶主，他们也没有什么兴趣维护奴隶制。他们选择战斗主要是因为在他们看来联邦军队是侵略者。从许多方面来讲，南北战争是精英阶层的经济实力之争。最终有 11 个南方州加入了联盟国，美国由此一分为二。

北方从一开始就有更强的实力。它的军队比南方多，人口也差不多是南方的两倍；它的工业化程度也比较高，这意味着它能够生产更多战争物资；它还有更好的交通基础设施，因而能更方便地为其军队提供补给。北方还控制了海军，后者在对南方的封锁中发挥了重大作用，使其无法获得来自欧洲的援助和补给。尽管如此，联盟国的将军罗伯特·李（Robert E. Lee）还是率领南方军队在初期取得一系列胜利，甚至在 1862 年和 1863 年入侵了北方的领土。

但是在 1863 年 7 月，经过 3 天血腥战斗，李的进军最终止步于宾夕法尼亚州的葛底斯堡（Gettysburg）。几个月后，在一个用于纪念死者的新墓地的落成仪式上，林肯发表了著名的关于"民有、民治、民享政府"的"葛底斯堡演说"，它被誉为美国历史上最著名的演说之一。在葛底斯堡之战结束 9 个月以后，联邦最善战的将军尤利西斯·格兰特（Ulysses S. Grant）成为联邦军总司令，对南方发起总体战，终于迫使南方屈服。1865 年 4 月 9 日，李向格兰特投降，战争正式结束。林肯在 5 天后被一名同情南方的刺客暗杀，终年 56 岁。

南北战争是美国历史上最大的浩劫：60 多万美国人在战争中死去——大部分死于疾病——这个数字比美国在第一次和第二次世界大战中的损失还多，甚至超过了美国在其他所有战争中的死亡人数总和。此外还有数十万人负伤。南方被战火摧毁，此后的战后重建持续了 10 年以上。战争在经济方面造成的破坏更持久，甚至延续到了 20 世纪。但是，这场战争也的确终结了关于奴隶制度的争议。

加拿大

纽约
葛底斯堡
华盛顿
里士满
匹特兰大
芝加哥

合众国各州及领地

密西西比河
密苏里河
阿巴拉契河

大西洋

墨西哥湾

联盟国

墨西哥

太平洋

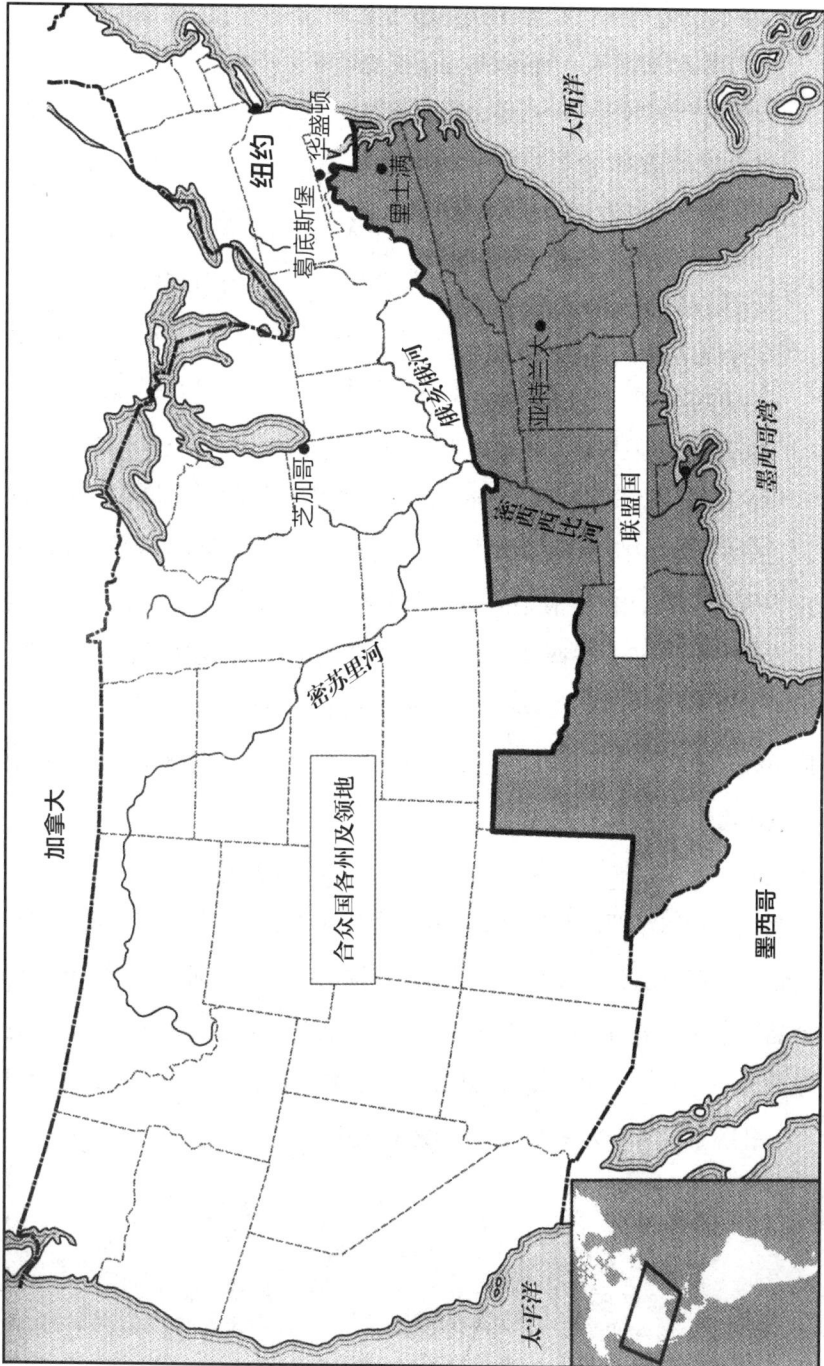

〈美国内战（1861年－1865年）

美国的扩张
（1783 年 –1867 年）

　　美国独立后人口发生了迅猛增长，从1790年到1814年，美国人口倍增至800万，到了1850年更是增加到2300万。后一次增长有很大一部分是来自欧洲的人口流入，因为1815年以后有许多人设法逃离欧洲，还有很多人被这个扩张中的经济体对劳动力几乎没有上限的需求所吸引。1846年到1851年间，爱尔兰的马铃薯种植业遭受灭顶之灾，可怕的饥荒使数量可观的爱尔兰人从1864年起源源不断逃往美国。如此巨大的人口流入有力地刺激了美国国内经济，也促使美国大举向西扩张。

　　1803年，在总统杰弗逊（Jefferson）任内，美国从急需为欧洲的战争筹措经费的拿破仑手中买下了路易斯安那领地——这是一片面积为200万平方千米的土地，几乎与整个西欧相当，使当时美国的领土足足扩大了一倍①。1845年，美国人吞并德克萨斯，引发与墨西哥人的战争，最终又迫使后者割让了加利福尼亚。1867年，美国用720万美元从俄国人手中购得阿拉斯加②。1898年，经过与西班牙为期10周的战争，美国获得了古巴、波多黎各、关岛和菲律宾，但这些地方从未真正成为美国的州。

　　由于制造业蓬勃发展，而且能以比铁更低的价格生产更轻更坚固的钢，美国发展起强大的铁路事业，在其领土开发过程中发挥了巨大作用，促进了贸易和移民。铁路、蒸汽船和电报又降低了运输和通信的成本与时间，帮助建立起供美国商品销售的新市场。到了19世纪末，美国已经成为全世界最大、最有竞争力的工业国。在欧洲，潮水般涌入的廉价美国粮食降低了欧洲人的死亡率，使得欧洲人口增加，进而又推动了欧洲大陆的工业化。

---

① 拿破仑出于同样的原因还允许了加勒比海地区的海地独立。
② 每英亩的价格约合 2 美分，大约相当于如今的 30 美分。

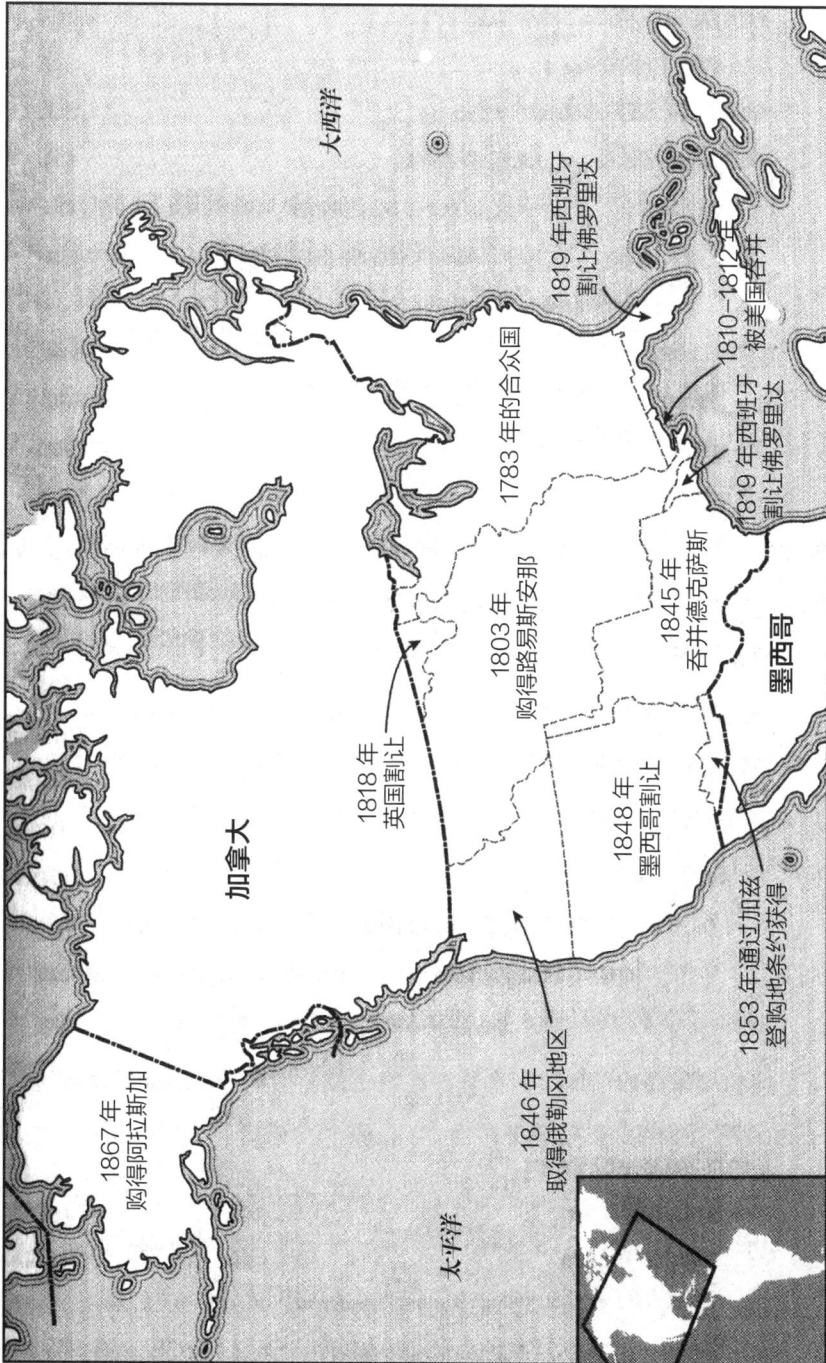

大西洋

加拿大

1783 年的合众国

1819 年西班牙
割让佛罗里达

1810—1812 年
被美国吞并

1819 年西班牙
割让佛罗里达

1845 年
吞并德克萨斯

墨西哥

1818 年
英国割让

1803 年
购得路易斯安那

1848 年
墨西哥割让

1848 年通过加兹
登购地条约获得

1853 年通过加兹
登购地条约获得

1846 年
取得俄勒冈地区

1867 年
购得阿拉斯加

太平洋

∧ 美国的扩张（1783 年 −1867 年）

新生的国家：奥匈帝国、意大利和德意志
（1867 年 –1871 年）

人口增长和民族主义的兴起使得长期只是独立邦国"大杂烩"的德意志和意大利在 19 世纪双双成为统一的国家。

1848 年，意大利有许多地区都被外来列强控制。"复兴运动"的浪潮把统一意大利和恢复该国往日荣光作为目标。多个意大利邦国组成联军驱逐了控制意大利北部的奥地利人，其他邦国则通过外交活动回到了意大利人的控制之下。在意大利首相卡米洛·加富尔（Camillo Cavour）的杰出领导下，意大利在 1870 年实现了完全统一。

德意志在 1806 年迈出了统一的第一步，16 个邦国脱离神圣罗马帝国，在拿破仑的保护下组成一个属于德意志人的新同盟——莱茵邦联。一个月后，神圣罗马帝国皇帝弗朗茨二世（Francis II）就解散了帝国。在 1815 年的维也纳会议上，无人尝试恢复神圣罗马帝国，结果诞生了德意志邦联（Deutsche Bund）。邦联的领导地位起初属于奥地利，但是这个国家却无意统一各个邦国，因此，随着德意志民族主义思潮的高涨，普鲁士首相奥托·冯·俾斯麦（Otto von Bismarck）逐渐成为众望所归的领袖。

作为杰出的外交家，俾斯麦通过德意志国会大刀阔斧地推行改革。他宣称"国家的命运不是由演说或投票表决来决定的，而是由铁与血来决定"，而后，他扫清了所有企图阻碍德意志统一大业的拦路虎，特别是在 1866 年，德意志经过 7 个星期的战争击败了奥地利军队。在将信仰新教的德意志北部诸邦统一到普鲁士的领导之下后，俾斯麦又在 1871 年通过一场战胜了法国的战争将剩下的南部和信奉天主教的德意志邦国合并到德意志第二帝国中，并立普鲁士国王威廉（Wilhelm）为皇帝。（德意志第一帝国就是神圣罗马帝国。而希特勒将会尝试并建立德意志的第三个帝国。）此后，快速工业化的德国成为欧洲首屈一指的陆军强国——这可能是欧洲大陆在 1848 年革命之后，1914 年战争之

前最重要的政治变化。

　　奥地利人先是失去了对意大利北部的控制，又在 1866 年败于德意志之后被排除在北德意志邦联之外，这使他们意识到，通过与帝国境内最大的异族群体——匈牙利人妥协来巩固自己的地位才是上策。于是在 1867 年，双方达成折衷方案，奥地利 – 匈牙利二元君主政体就此诞生[1]。弗朗茨·约瑟夫（Franz Joseph）被尊为匈牙利国王，在布达佩斯（Budapest）还成立了独立的议会，但是新的帝国将拥有统一的外交政策、军队和货币系统。理论上，此举防止了奥地利帝国进一步瓦解。但实际上，新帝国中斯拉夫人占据的数量优势将在日后造成一系列难题。

瓜分非洲
（1880 年 –1914 年）

　　大致在同一时期，欧洲人对非洲大陆的兴趣越来越浓厚。1870 年以前，非洲大陆的腹地在很大程度上被欧洲列强忽视了，一方面是因为它们对那里缺乏兴趣，另一方面是因为欧洲人对热带的疾病缺乏抵抗力，因为这个问题非洲得到了"白人的坟墓"之名。欧洲人在非洲取得的进展主要是在充当贸易站或燃料补充站的沿海城镇，开普敦（Cape Town）就是一例。欧洲人对非洲内地一无所知，因此他们也将非洲称为"暗黑大陆"。

　　但是，随着欧洲逐步工业化，为工厂提供原材料的需求不断增长，越来越多的国家开始把非洲视作新的原料来源地和倾销它们新制造的商品的市场。由

---

[1] 新的奥匈帝国成为欧洲仅次于俄罗斯帝国的第二大国。

于发现了能够对疟疾起到一定防护作用的奎宁，再加上发明了新的疫苗，热带疾病给欧洲人造成的高死亡率有效降低，非洲大陆也逐渐敞开了供欧洲人深入探索的大门。最后一个动力来自宗教：在欧洲的基督徒眼里，非洲是一整块有待传播上帝福音的新大陆。

几乎从一开始，欧洲各国就对非洲土地展开了激烈的争夺。法国人在 1871 年把很大一片国土（和尊严）输给了德国人，而他们在美洲的殖民帝国也不复存在（这在很大程度上是拜英国人所赐）。但是在 1830 年入侵阿尔及利亚以后，法国人再度找到了占领殖民地的感觉——非洲为他们提供了新的扩张机会。

英国人也渴望扩张他们在北美殖民地独立以后有所缩水的帝国。它还对快速工业化的德国忧心忡忡，后者正在德皇威廉二世（Wilhelm II）统治下贯彻锐意进取的发展政策。位于欧洲中部、被夹在列强之间的比利时国王利奥波德二世（Leopold II）认为在非洲殖民是以不会卷入战争的方式获取领土的好机会；毕竟，国土越大意味着君王的威望越高。因此，利奥波德把刚果作为自己的禁脔收入囊中。葡萄牙、奥地利和其他许多国家也千方百计参与角逐。

1882 年，英国人入侵并占领埃及，因为他们担心当地不稳定的局势可能影响到开凿于 1869 年的苏伊士运河的运营——这条运河大大减少了前往印度的时间和成本。为了防止埃及遭到其他国家入侵，英国还征服了位于埃及南面的苏丹，再加上早在 19 世纪初就控制了具有战略意义的港口开普敦，从英国通往印度的路线至此可以让英国人高枕无忧了。但是，英国的这些举动不可避免地刺激了其他欧洲列强前往非洲争抢土地。列强势力侵入非洲大陆的速度之快促使俾斯麦在柏林召集了一次国际会议，旨在为各国制定瓜分非洲的规则。

不出 20 年，非洲大陆的大部分区域就都落入了各个欧洲列强的控制。所有非洲国家中，只有阿比西尼亚（后来改名为埃塞俄比亚）和利比里亚从未被欧洲人征服过。和欧洲人在其他地方的征服一样，当地人并没有得到多少关心，他们在欧洲人开发土地和资源的过程中被大批大批地奴役和杀害。新研制的机关枪解决了欧洲各国政府为非洲分配的人力不足的问题，使他们成功驯服了这

印度洋

阿拉伯湾

毛里求斯（英国）

留尼汪（法国）

英属索马里（英国）

意属索马里（意大利）

法属索马里（法国）

利比亚（意大利）

阿比西尼亚（独立）

英属东非（英国）

德属西南非洲（德国）

莫桑比克（葡萄牙）

埃及（英国）

英埃共管苏丹（英国）

乌干达（英国）

非洲

利比亚（意大利）

比属刚果（比利时）

尼日利亚（英国）

喀麦隆（德国）

法国

非罗得西亚（英国）

南罗得西亚（英国）

贝专纳（英国）

南非联邦（英国）

阿尔及利亚

法属西非

地中海

安哥拉（葡萄牙）

里约穆尼（西班牙）

卡宾达（葡萄牙）

德属西南非洲（德国）

沃尔维斯湾（英国）

摩洛哥

里奥德奥罗（西班牙）

冈比亚（英国）

几内亚（葡萄牙）

塞拉利昂（英国）

利比里亚（独立）

黄金海岸（英国）

多哥（葡萄牙）

大西洋

大西洋

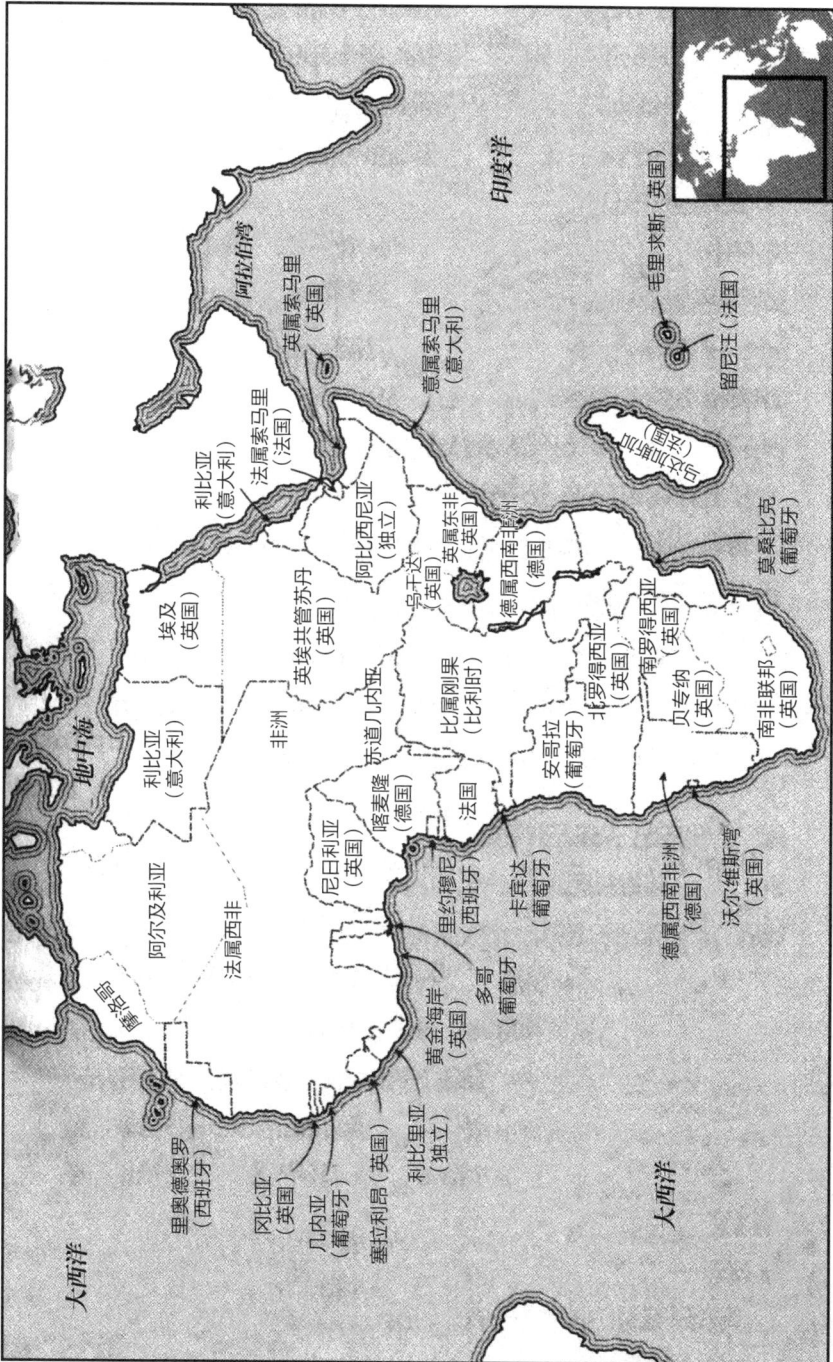

∧ 殖民非洲（1914 年）

片在他们眼中未开化的土地。

欧洲人的殖民运动造成了许多重要而持久的后果，其中之一就是给非洲强加了许多打乱部落传统分界的边境线，导致许多持续至今的冲突。欧洲列强急于给自己的新殖民地勾画界线，便在地图上随心所欲地划出条条直线，完全无视了民族语言区别和既有的部落之间的情感联系。非洲各国在此后大约半个世纪后才会积累起充分的自信，奋起反抗他们的殖民地统治者并要求独立。

技术革命

美国的向西发展是与一场技术革命同步进行的，这场革命影响极大，因此也有人称它为"第二次工业革命"。

1831 年，一个名叫迈克尔·法拉第（Michael Faraday）的英国科学家发现使磁铁穿过铜质导线的闭合线路可以产生电流，从而创造了一种潜力巨大的新能源。他还发明了圆盘发电机，为后世的发电机与电动机奠定了基础。

又过了将近 40 年，美国的发明大王托马斯·爱迪生（Thomas Edison）才制造出第一台实用的发电机。这是人类有史以来首次发现一种几乎可以在任何地方产生的廉价而可靠的动力。到了 1879 年，爱迪生更是发明了实用而耐久的电灯泡，永远改变了人们的生活方式。电力很快就在世界各地被运用于人们想象得到的所有领域，从运输、通信到家庭日用，无所不在。

19 世纪末 20 世纪初，各种发明如雨后春笋般不断涌现：亚历山大·贝尔（Alexander Bell）在 1876 年发明了电话机，卡尔·本茨（Karl Benz）在 1885 年造出了第一台以汽油为动力的汽车，莱特兄弟（Wright brothers）则在 1903 年把第一架飞机送上蓝天。在电学领域进步的同时，其他学科领域也突飞猛进，物理学和化学的许多奥秘被一一解开。化肥、合成药物和杀菌剂是这一时期众多科技成果中的突出代表。

日本的崛起

（1895年–1945年）

到了19世纪和20世纪之交，美国和德国已经在世界工业品市场上向英国发起挑战。而在地球另一头的东方，一个新的强国开始崛起，而且注定要在国际舞台上占据一席之地，它就是日本。

日本曾经采取了和中国非常相似的做法，多年来一直将外国人拒之门外，但是这个国家最终开始觉醒，其帝国野心也随之膨胀。德川幕府曾为这个国家带来一段相对和平的时期，但是人口增长和19世纪的一系列自然灾害导致国内局势越来越不稳定。在目睹中国在西方人手下的遭遇后，日本人曾试图通过与外界隔绝来防范外国威胁。然而和中国的遭遇一样，他们被强加了与外国人通商的要求，而提出这一要求的是美国人。

1853年，一支全副武装的美国舰队开进东京湾，强迫日本接受美国制定的贸易条件。这些贸易条件所带来的屈辱直接导致了延续700年的幕府制度崩溃，天皇在1868年重新成为日本的最高统治者。这一时期后来被称为"明治维新"，它代表着一个开明政府的统治时期。虽然传统的孤立主义者试图阻止对现状的任何改变，但政府还是大力推行国家的近代化和工业化进程，以求从欧洲人和美国人手中夺回独立地位。

在中国失败的领域，日本取得了成功：国家实行了普遍兵役制，武士阶层被模仿普鲁士陆军建立的正规应征陆军和模仿英国海军建立的海军所取代；日本学者被派遣出国学习西方科学；铁路在各地兴建；欧洲式的议会也宣告成立；旧的等级制度被废除，教育事业得到发展，人们纷纷穿起西式服装。只用了短短几十年，这个国家就成功地从封建农业国转变为强大的工业化国家——它将在世纪之交的两场战争中，出乎所有人意料地成功击败中国和俄国。

1894年，明治维新后的日本在一场战争中击败清朝治下的中国，赢得了在朝鲜（它曾是这两个国家之间的缓冲国）的权益。这场战争将中国军队空有远超对手的数量却腐朽落后的缺点暴露无遗，也使日本占据了台湾和位于中国东北的满洲南部。中国还被迫承认朝鲜独立，后者将在 1910 年被日本正式吞并，并统治到 1945 年。由于战胜了中国，日本被公认为当时新兴的世界级强国。

中国的动乱和清王朝的覆灭
（1900 年 –1911 年）

随着西方列强的势力逐渐侵入中国腹地，中国不得不接受传教士活动、强行输入的鸦片和使外国人免受中国法律约束的种种不平等条约，种种因素导致中国发生了一场充满暴力的排外和反基督教运动。起义者打出的旗帜上绣着紧握的拳头，因此被西方观察者称为"拳民"[1]。当起义在 1900 年最终得到清朝政府支持后，由英国、美国、德国、法国、俄国、意大利、奥地利、日本士兵组成的一支 4 万多人的联军（以日本人为首）将它镇压了下去。数以万计的拳民、清军士兵和平民惨遭屠杀，清朝的末代皇帝也最终在 1911 年退位。对中国人民来说极为不幸的是：这不是他们在 20 世纪经历的战争的结束，而仅仅是开始。

---

[1] 即义和团。

20 世纪

第七章

最血腥的一个世纪

虽然中国发生了暴乱，但对整个世界来说 20 世纪却有一个很好的开端：全球大体和平，社会繁荣兴旺，各国之间的交往越来越多，人们普遍相信强大的经济联系最终会阻止大规模战争发生。技术创新正在逐渐改善普通大众的生活，世界在不断发展。人们根本没有想到，不出 50 年，就会发生两场大规模战争和一场大萧条，导致不止一个世界级帝国崩溃，打破全球实力平衡，有力地证明即便是巨大的进步也无法阻止人类的自相残杀。

石油和内燃发动机

20 世纪堪称是石油的世纪。1859 年首次在美国被大量发现，很快就成为广受欢迎的商品，因为一方面它可以用作动力织布机和火车发动机等机器的润滑剂，另一方面它的副产品之一——煤油能够用来点灯。在发现石油之前，人们曾经使用煤气和鲸鱼油来照明，但是通常只有富人才能用得起这两种燃料。正是由于发现了通过石油提炼低成本的煤油的方法，才引发了遍及全球的石油钻探热潮。

当托马斯·爱迪生在 1879 年找到通过电力提供照明的革命性新方法以后，这种"新灯"立刻使作为家用照明手段的煤油灯黯然失色。紧接着石油工业很快也触底反弹，因为人们发现石油的另一种副产品——汽油可以用来给内燃发动机提供动力。这种发动机在 19 世纪 90 年代应用到汽车上，使汽车逐渐取代马匹成为人们的主要交通工具，这一改变掀起了一场至今仍然影响着我们社会的交通运输革命。不过，煤油仍然在许多发展中国家被用于照明、烹饪和加热。

20 世纪，人们想象得到的每一个领域都因为使用石油而发生巨变，石油不仅帮助人们飞上蓝天，还为农业做出了巨大贡献，以石油为动力的拖拉机和利用石油生产的化肥大大提高了农业产量。由此带来的食品供应量增加是全世界人口从 1900 年的 16 亿左右增加到 2011 年的 70 亿的直接原因。

石油不仅成为军队使用的燃料，也大大影响了军事战略的制定，包括促成了日本对珍珠港的袭击和希特勒在第二次世界大战中的东征。20 世纪初在中东发现的石油改变了这一地区的政治格局，还直接引发了不止一场战争，其中包括美国在 20 世纪 90 年代对伊拉克的入侵。石油的应用对人类社会的改变之大，已经使得今天的我们无法在没有石油的情况下生存。

虽然我们可能生活在一个拥有廉价能源的世界中，但我们对一种不可再生资源和由它产生的财富实在是依赖过度，随着我们日益难以承受石油供应的中断和由此引发的价格飞涨，或许这种依赖终将把我们压垮。不仅如此，燃烧石油和其他化石燃料还大大增加了污染，以至于气候学家已经警告我们：若不能采取措施减少化石燃料用量，我们就会面对灾难性的后果。

日俄战争
（1904 年）

日本在 19 世纪末的军事胜利导致天皇宫廷中军国主义者的权力和野心不断膨胀。当俄罗斯在 1904 年违背协议，拒绝从满洲南部撤出其军队时，正是这些军国主义者力主对俄开战。于是日本海军对停泊在中国东海岸旅顺港中的俄国舰队发动了突然袭击。此后在陆地和海上爆发多场激战，日军歼灭了俄国舰队，并战胜了指挥无方、后援不力的俄国陆军。

战争结束后，俄国同意撤出满洲南部，使其重归中国所有，并承认了日本对朝鲜的控制权。但是截至此时，中国其实早已丧失对该地区的主权，虽然满洲名义上是中国领土，中国却根本没有被邀请参加俄罗斯和日本在战后的和平会议。

日本的胜利震惊了全世界，因为日本是在近代第一个击败欧洲强国的亚洲强国。此事的重要意义在于：它证明了欧洲人并不是无所不能的。这场战争也是造成 1905 年波及全俄的革命运动的因素之一，该运动迫使俄国政府在同年发表了保障基本公民权利的宣言，并成立了被称为"杜马"的议会。

第一次世界大战
（1914 年 –1918 年）

在地球另一端的欧洲，日益高涨的民族主义使各个主要强国再度发生冲突，这一次的起因是威胁到奥匈帝国在巴尔干半岛权益的民族主义运动。1914 年 6 月，哈布斯堡奥匈帝国的皇储弗朗茨·费迪南大公（Archduke Franz Ferdinand）与妻子一同被塞尔维亚民族主义者刺杀，这次事件给了奥地利人消灭塞尔维亚和挑战俄国人在该地区主导权的理由。由于德国承诺支持他们，奥地利人便大胆对塞尔维亚宣战。而在俄国动员其军队后，德国也紧张起来。随着德国命令其军队备战，法国又坐不住了。不久以后，法国、俄国和英国联手组成协约国阵营，对抗德国、奥匈和奥斯曼帝国组成的同盟国阵营。

战争很快就在两条战线上打响，德国人一面要在西方对抗法国人和英国人（外加英联邦的各个自治领），一面又要在东方对付俄国人，同时英法两国的海军也在海上与之大打出手。1915 年，协约国试图通过占领君士坦丁堡在土耳其开辟另外一条战线，但是主要由澳大利亚和新西兰士兵组成的登陆部队在加利波利（Gallipoli）半岛上血流成河，酿成了协约国在战争中最大的灾难之一。土耳其人则利用新闻管制作为掩护，消灭了国内大批信奉基督教的亚美尼亚人口。虽然土耳其官方至今仍然否认此事，但这场主要以强迫死亡行军为手段的灭绝行动确实导致大量平民死于饥饿和疲劳。历史学家估计，从 1915 年到 1923 年，有 100 万 –150 万亚美尼亚人和其他少数民族被杀害或驱逐，这是 20 世纪众多种族灭绝事件中的第一起。

虽然战争主要在欧洲进行，但战火很快就蔓延到亚洲、中东和非洲。在亚洲，协约国得到了日本的支持；在中东，英国支持了阿拉伯民族主义者在当地反抗奥斯曼帝国统治的运动，但是在战争结束后却自私地背弃了与阿拉伯人达成的所有协议。为了让美国的犹太人社团游说美国政府参战，英国人还表达了对于在巴勒斯坦建立犹太人家园的支持，日后他们也拒绝兑现这个声明[1]。和许多在 20 世纪的全球强国角逐中成为棋子的民族一样，巴勒斯坦人的意见无人关心。

每个人都希望这场战争会像上一场大规模战争——1870 年 -1871 年的普法战争一样短暂，但是新式的武器造成了堑壕战的僵局和机械化的杀戮。战争第一年，就有 100 多万人死在法国和德国的边境上，其中许多人是在无法理解新式的战争方式的将军们逼迫下，向敌人的机关枪和带刺铁丝网发起 19 世纪式的冲锋后命丧黄泉的。

德国人在日俄战争以后对俄国实力的严重低估也在 1915 年显露无遗，这一年他们在西线已经陷入僵局的情况下还是不得不把三分之二的部队投入东线。但是俄国军队确实训练水平低下，而且对战争的残酷性准备不足，因此，虽然俄国在当时拥有全世界规模最大的陆军，但是到了 1917 年，这支军队已经处于崩溃的边缘。

俄国革命
（1917 年）

1917 年 2 月，俄国革命在彼得格勒（Petrograd，也就是今天的圣彼得堡）爆发。寒冷、饥饿以及对战争的普遍厌倦，促使人们走上街头要求政府提供

---

① 这就是 1917 年的《贝尔福宣言》。

面包并与德国讲和。当时的皇后亚历山德拉（Alexandra）迷恋僧人拉斯普京①（Rasputin），声称此人治愈了她的儿子，但这丝毫不能让人民对她产生好感，更何况她还有德国血统。由于沙皇迟迟不敢下令镇压暴动，许多军人加入了示威人群，共同抗议政府。最终，末代沙皇在严重的局势下屈服，于1917年3月宣布退位，从而终结了已经享国300年的罗曼诺夫王朝。

虽然在俄国各地都成立了名为"苏维埃"的工人委员会来代表群众，但是继承沙皇权力的"临时政府"仍然继续支持协约国的战争。事实证明这是一个灾难性的决定。在4月，德国人帮助长期旅居瑞士的弗拉基米尔·乌里扬诺夫（Vladimir Ulyanov，此人使用的化名是"列宁"）回到了俄罗斯。列宁自1903年起就是俄国社会民主工党中的多数派"布尔什维克"（与之相对的少数派被称为"孟什维克"）的领袖，他从战争爆发后就一直呼吁结束这场"帝国主义和资本主义的战争"。德国人这一场阴谋真实的目的是希望列宁将俄国国内的局面搅乱，从而无力参与战争，以减轻德国在东线上的压力。

在随后的6个月里，俄国人发动了一场孤注一掷的夏季攻势，结果以失败告终。前线和后方的军队协调性不够，导致前线和后方一片混乱，临时政府也差一点被军队总司令阴谋发动的政变推翻。

但是形势还是向着对以列宁为首的布尔什维克党有利的方向发展。他关于和平、土地、面包和将权力移交给苏维埃的呼吁对已经彻底厌倦了战争的人民来说具有不可抗拒的吸引力。于是列宁再次冒险回到俄国，于1917年10月发动了一场武装政变。这是对临时政府的致命一击，也导致了全世界第一个由马克思主义者组成的政府诞生。1917年11月8日，列宁被全俄罗斯苏维埃代表大会选举为人民委员会主席。当时人们普遍认为这个苏维埃政府不会长久，但这

---

① 拉斯普京最终在1916年遇害身亡。

个新兴的政府在此后数十年里给了俄国无数新的生存方式。

新成立的苏维埃政府立刻颁布了两道法令：第一道法令是《和平法令》，呼吁交战国通过谈判结束战争，并命令俄国军队停止在前线的一切敌对行为（这是德国人以帮助列宁返回俄国为条件，与列宁达成的秘密协定的一部分内容）；第二道法令是《土地法令》，宣布所有土地都是人民的财产；苏维埃政府还将银行收归国有，否认了罗曼诺夫王朝欠下的所有债务。由于寄希望于欧洲各地的工人发动起义来支持他们在俄国的同志，苏维埃政府企图通过与德国和奥地利签订停火协定来阻止德军继续进攻，以后再达成正式的和平条约。

但是，欧洲的工人阶级并没有揭竿而起。于是，急于不惜任何代价结束战争——特别是在德国继续向东进军以后——的俄国被迫在 1918 年 3 月接受了一个屈辱的停火协定，同意放弃芬兰、波兰、波罗的海诸国、乌克兰和白俄罗斯。这个协定的签订成了激怒反布尔什维克力量的最后一击。他们无法忍受被别国欺凌的屈辱。于是，双方爆发了内战，战火持续了数年，最终由布尔什维克获胜。此次革命为苏联的建立奠定了基础。

第一次世界大战的结束

在东线实现和平之后，德国在西线重新发动攻势。但事实证明，德国在大西洋发动无限制潜艇战的决定给自身造成的损害不亚于送列宁回俄罗斯给他们带来的灾难。美国总统威尔逊（Wilson）以德国的潜艇战和德国企图引诱墨西哥与它结盟对抗美国为理由，在 1917 年 4 月 6 日宣布美国将动用其全部军队和资源参与战争，无力继续作战的德国只得投降，和平终于在 1918 年 11 月 11 日降临。

这场战争共有 6500 万人参加，其中有 800 多万人丧生，多达 2000 万人负伤——包括数十万因化学武器而致盲或致残的受害者——还有数百万人被敌军活捉，作为战俘关押。更糟糕的是，在战争的最后阶段，一场流感大爆发席卷全世界，使饱受战争摧残的人类又失去了大约 2000 万条生命[1]——这个数字至少是战争中死者的两倍[2]。这场流感之所以被称为"西班牙流感"，是因为西班牙是少数没有封锁关于疫病流行的消息的国家之一。这场流感主要影响的是青壮年，当时的人们没有有效治疗它的手段。

战争结束后，列强在巴黎附近的凡尔赛召开会议，以处理善后事宜和确保欧洲不再发生这样的浩劫。德国和苏俄没有被邀请与会。1919 年 6 月签订的条约中最重要的部分是对德国的处理。虽然谈判各方都希望德国为其造成的损失接受惩罚，但只有法国明确要求确保德国再也无力对法国发动战争，并为此提出了极为苛刻和严厉的条件。德国最终失去了它在 1914 年的领土的 13% 左右，其中包括德国在 1871 年从法国割让的土地；德国失去了大约 600 万德意志族人口，它的海外领地也被战胜国瓜分；此外，德国军队被限制为一支只有 10 万多人的防御性力量，它拥有飞机、重武器和潜艇的权利也被剥夺。除此之外，法国人还强令德国支付高达数十亿金马克的巨额战争赔款。这样的羞辱和对经济的毁灭性打击在德国造成严重动荡，使希特勒和他的法西斯主义党徒得以崛起，并最终在德国执掌大权。

《凡尔赛条约》中有一个条款要求建立一个名为"国际联盟"的多国机构，旨在确保未来的和平，在一切国际争端升级为战争前将其化解。阿拉伯各国也组建了一个同样性质的组织——阿拉伯联盟，用于维护他们自身的利益。国联的目标之一是帮助从德国和土耳其统治下被解放的地区实现自治。因此，《凡尔赛条约》将多民族的奥匈帝国和奥斯曼帝国拆分为一些较小的国家，其边界大致是按当地人的语言区别划分的。从奥匈帝国拆分出来的国家有捷克斯洛伐

---

[1] 也有人估计西班牙流感造成多达 4000 万人死亡。
[2] 这还不包括数以百万计在战后死于霍乱、斑疹伤寒、痢疾和其他疾病的人。

克、南斯拉夫、匈牙利和新的奥地利共和国①。

《凡尔赛条约》除了强行要求苏俄政府允许波罗的海诸国独立，还要求它将俄罗斯在沙皇统治时期从波兰侵占的土地归还给波兰。1772年到1795年，沙皇俄国、哈布斯堡奥地利和新兴的普鲁士曾瓜分了旧波兰的领土，使波兰从地图上消失。而在此次大战结束时，国际联盟承认了新独立的波兰共和国，逼迫元气大伤的俄国和德国归还它们在18世纪攫取的波兰的大片土地。但是，不到20年，波兰就将遭受德国的残酷入侵和苏联的占领，国土将再次被瓜分，数以百万计的波兰人也将失去生命。

由于列强曾经认为权力真空会使当地局势严重恶化，奥斯曼帝国一度被容许继续存在，而这一次，它终于被解体了。虽然阿拉伯人曾经以获得独立为条件支持英国对抗土耳其人，但是他们的诉求被置若罔闻，结果伊拉克和巴勒斯坦被划给了英国，叙利亚和黎巴嫩则归于法国。为了掩人耳目，这些地方被称为"托管地"，而不是殖民地。穆斯塔法·凯末尔帕夏【Mustafa Kemal Pasha，他后来被赐予"阿塔土克"（Atatürk）的姓氏，其意为土耳其人之父】废除了苏丹制度，1921年宣布成立土耳其共和国。为了将土耳其改造为现代化的世俗共和国，凯末尔推行了激进的现代化政策，包括用西方法律取代伊斯兰教规，用拉丁字母取代阿拉伯字母。

妇女解放运动

世界大战造成的一个积极后果就是大大改善了妇女的权利和地位，至少在西方世界是如此。在人类历史的大部分时间里，女性在男性主导的社会中

---

① 南斯拉夫和捷克斯洛伐克将在20世纪末双双解体。

承担的角色是服侍和顺从她们的丈夫，并生育后代。大多数职业在传统上都禁止妇女参与，她们所能获得的教育也一直受到限制。尽管各种关于正义和平等的思想推动了美国和法国的革命，但妇女在整个 19 世纪仍然享受不到平等的权利。

虽然至今在全世界许多贫困国家中妇女地位仍然低下，但欧洲和北美从 19 世纪中叶起不断出现的女权运动，逐步提高了妇女的受教育程度、就业率并获得了投票权。在美国，这一运动起源于反对奴隶制的宣传活动，这类活动有大部分是由妇女领导的，她们逐渐将妇女受到的压迫与奴隶的待遇相比，因为在她们看来，妇女享有的政治权利与奴隶相差无几。在欧洲，工业革命和其他革命引发的文化、政治和经济剧变助长了人们挑战现状的力量，也推高了人们对于改革的呼声。识字率的提高和沟通的增加帮助妇女们用语言表达和宣传她们的渴望。由于对迟缓的变革步伐不满，被称为"妇女参政论者"的英国妇女们为了使社会听到自己的呼声，不惜诉诸暴力手段。从某种角度讲，第一次世界大战让妇女们证明了自己也是能干的劳动者，因此理应得到投票权[1]。在美国，由于第二次世界大战时大批妇女进入劳动力大军以取代被征召入伍的男性，导致了 20 世纪 60 年代妇女的权利得到进一步扩大。

但是，妇女争取平等的运动仍然在许多较为贫困、工业化程度较低的国家遭到抵制。在非洲、亚洲和中东的许多地区，剥削目不识丁、受教育程度低下的妇女的现象依然比比皆是。在这类国家，男孩往往被认为在成年后是经济安全的保证，因而经常受到家长的偏爱，而女孩往往连基本权利都享受不到。这种情况大概要等到女性的受教育程度与男性相同才会有所改变。

---

[1] 新西兰在 1893 年允许妇女参与投票；英国在 1918 年允许年龄超过 30 岁的妇女参与投票，在 1928 年的时候则允许所有超过 21 岁的妇女参与投票；利希滕施泰因到 1984 年才给予妇女投票权，是欧洲最后一个允许妇女参与投票的国家。但是巴林的妇女直到 2001 年才获得选举权。

苏俄内战
（1917 年 –1921 年）

虽然俄国人在世界大战期间一直渴求和平，但是他们奢求的和平还在远方。反布尔什维克的"白"军（与之对抗的是共产主义者的"红"军）成分非常复杂，其中包括了保皇派、军国主义者、自由民主分子乃至温和社会主义者，他们公然宣称要推翻新建立的无神论者政权。因为这个政权旨在推翻旧社会一切不合理的政策，创造出一个全新的社会。虽然布尔什维克许诺实现和平、繁荣、平等和终结民族歧视，但在这个过程中一些流血牺牲是在所难免的。

在共产主义者于 1918 年处死沙皇及其家人后，白军的斗志更为坚决，而且他们得到了许多渴望将共产主义扼杀在襁褓中的国家（英国、美国、法国、日本）提供的人员和物资支持。这些国家已经敏锐地意识到，苏维埃政府的目标是推翻其他所有资本主义政府。

最后，布尔什维克取得了内战的胜利，但同样也付出了巨大的代价。1920 年，祸不单行，他们又遭遇了一场可怕的饥荒。红军之所以能取得胜利，一是他们牢牢控制了主要城市；二是他们当时吸纳了大量沙俄时代的军官，特别是中下级军官，因此红军在战场层面的战术素质高于白军；三是红军利用骑兵集团军实施快速机动作战，重视组建战略预备队和适时使用预备队于重要方向；不过，白军各部未能联合起来与他们作战，也是他们取胜的原因之一。

在内战的硝烟逐渐散去之后，新经济政策取代了战时共产主义政策，人民的生活条件也逐步得到改善。但是，随着列宁 1924 年去世，斯大林登上权力顶峰，开始推行高度集中的政治经济体制。他忽视民主和法制，推行个人崇拜，用行政手段干涉思想言论自由。最终，这种高度集权的模式被社会主义所取代。

法西斯主义和极权主义的兴起

在战后，欧洲经历了一段通货膨胀、失业率高涨、小规模革命活动此起彼伏的时期，只不过大众普遍厌倦了战乱，不愿支持任何大规模起义。在战争造成的萧条结束之后，随着消费者需求快速增长，欧洲的经济逐渐复苏。尽管如此，在工商业界却涌动着一股恐惧的暗流，人们担心共产主义者可能会利用局势的动荡而攫取权力，并在这一过程中没收商业家的资产。

在意大利，富有的资本家们为一些暴徒团体提供资助，让他们去恐吓发动一系列罢工的共产主义者和社会主义者。新兴的、反民主的法西斯主义运动逐渐得势，并鼓吹运用雷霆手段解决意大利的各种问题。法西斯党人就这样获得了支持，在他们的首领——曾经当过教师和新闻记者的贝尼托·墨索里尼（Benito Mussolini）领导下成功执掌国家大权，并逐步在全国实行独裁统治。

在德国，皇帝在战争结束后退位。后继的魏玛共和国试图通过滥发纸币来偿还战争债务，结果造成了恶性通货膨胀，使数以百万计的德国人变得一贫如洗。也正因如此，任何许诺恢复秩序的人都会得到民众的热烈拥护。

这些人中间有一个名叫阿道夫·希特勒（Adolf Hitler）的奥地利人，第一次世界大战期间曾在德国军队中服过役。他几乎以一己之力发起了要求德国撕毁《凡尔赛条约》的宣传运动，因为这个条约的苛刻条款令他和许多德国人都深感痛恨。1923 年，他在慕尼黑（Munich）宣布发动革命，试图带着他的一群追随者接管巴伐利亚州政府——这一事件被称为"啤酒馆暴动"，失败后他被判处 5 年徒刑，但是在监狱里只服刑 9 个月就被释放。

他在监狱里写下了《我的奋斗》一书，书中写道：犹太人要为世界上的所有问题负责，尤其是共产主义和德国在大战中的失败。如果放任犹太人为所欲为，他们将会使纯种德意志民族发生退化，而斯拉夫人在这方面和犹太人是一丘之貉；因此，需要将这些人完全消灭。德国还需要获得生存空间，为此他建议通过征服俄罗斯和斯拉夫国家来获得更多的领土。《凡尔赛条约》的签字人是从背后捅了德国一刀的叛徒，因此必须下台。在当时德国经济萧条和恶性通胀的背景下，希特勒的思想被许多人欣然接受，《我的奋斗》在第二次世界大战爆发前卖出了500万本。一些对政府心怀不满而且担心共产主义者威胁的工业大亨为希特勒提供了资金，并错误地以为他们能够控制这个人。

苏联人的苦难在整个20年代和30年代有增无减。列宁在去世前曾经表示过担忧，不希望后继者是他的格鲁吉亚战友——共产党总书记约瑟夫·斯大林（Joseph Stalin）。然而斯大林很快就挫败了所有政敌，从此一直领导着苏联，直到在1954年去世。托洛茨基（Trotsky）被判定为人民的敌人，在失去所有权力后被迫流亡。许多原来的革命者因为曾经以不同方式抵制过斯大林，不是遭到处决就是被判罪并关进名为"古拉格"的残酷的奴工集中营体系中做苦工。

在斯大林巩固了自己的权力后，他就着手推行在经济上和工业上同时赶超西方的路线。1928年，他启动了第一个五年计划，其中涉及工业的全面国有化和农业的集体化。在当时，苏联还很不发达，经济以农业为主，工业占比极小。在短短5年里发生的一场世界大战、一场内战和一场革命无疑对国内经济发展不利。斯大林认为，苏联比先进的工业化国家落后50到100年；他宣称，如果不能在10年内赶上它们，国家就会崩溃。因此，他决心把苏联尽可能快地从农业大国转变为工业化国家。

但是，实现这样的目标需要供养数量庞大的工人群体，而农村却难以提供足够的食品。斯大林和他的密友认为：苏联存在许多规模小、效率低、机械设备有限的农庄，生产出的粮食只有这么多。他们认为，如果把所有小农庄都合并成巨大的社会主义农庄，就会带来诸多好处。农庄的效率将会提高，从而改进农业活动，为城市提供更多粮食，还可以解放许多劳动力，让他们在工厂中工作，而生产出的多余粮食还可以在国际市场上销售，再用换来的资金购买更多机械。最重要的是，这可以促进农村的经济发展，改善农民的生活条件。

主要的问题在于，斯大林坚持追求不切实际的生产目标，而农民只能得到剩余的产出（如果有的话）。由于目标被定得越来越高，农民往往一无所获，最后只能挨饿。这自然而然地就会打消他们的种粮积极性。此外，农民刚刚因为革命获得土地，当然不愿意再把土地交出去。他们也不愿意离开生养他们的故乡。结果那些拥有土地的人被戴上了"富农"的帽子，并被宣布为人民公敌。

当红军被派到乡村征集粮食时，遇到了大面积的反抗，人们宁可烧掉自己的粮食，杀掉自己的牲畜，也不愿把它们交给政府。那些反对集体化的人不是被逮捕后送进劳改营（古拉格），就是被枪毙；而农业生产因此受到严重破坏。乌克兰的情况最为严重：1932 年到 1933 年，至少有 400 万人死亡，后人将这一段时期称为"乌克兰大饥荒"。

从纯粹的经济学角度来讲，斯大林的工业化是成功的，工业产值在第一个五年计划期间增长了 50%，成果包括修建了一批水电站、铁路和运河。虽然有人认为斯大林的计划成功地为苏联提供了一部优秀的战争机器，使它能够在十几年后顶住希特勒的猛攻，但也有人合乎情理地指出，好的结果并不能为他的非正当手段开脱。

大萧条
（1929 年 –1932 年）

1929 年 10 月，繁荣的 20 年代随着纽约股市的崩盘而陡然终结。由此引发的经济萧条成为 20 世纪 30 年代的主旋律。由于股价一落千丈，美国银行纷纷倒闭，一直在欧洲斥重金投资和放贷的美国人不得不收回他们借出的款项。由此造成的连锁反应使世界各地的银行陷入倒闭狂潮，进一步减少了可以投资到工商界的现金。在此后的数年中，由于需求下降，工业生产随之下滑，造成了大面积的失业。随着生活越来越艰难，人们变得比以往任何时候都更乐于听从任何向他们许诺能够解决眼前问题的人。在社会主义者和共产主义者看来，资本主义的末日似乎已经不远了；而在阿道夫·希特勒和他的纳粹党眼里，这正是他们等了一辈子的夺权良机。

仿佛还嫌苏联人民吃的苦不够，斯大林的偏执又促使他在 1934 年到 1939 年间发动了一系列清洗运动，许多农民因为反抗强制集体化，被当局迁往人烟稀少的地区，开荒或建立新城市。有不少共产党的中央领导和"老布尔什维克"遭到逮捕，被迫在莫斯科的一系列公审大会上供认自己的叛国罪行，其中许多人在公审前遭受了长时间的酷刑折磨。大清洗的受害者包括受过高等教育的专业技术人员阶层、科学家、知识分子、大多数高级将领和苏联军队中的大部分军官。军官的大批死亡被认为是希特勒在第二次世界大战初期进攻苏联时屡战屡胜的原因之一。

东方的变化

欧洲在 20 世纪初经历了深刻的变化，亚洲也是如此，尤其是在中国和日本。中国的面貌在之前的数百年里都变化不大，但是中国人对外来干涉的不满日渐增长，并连带着将矛头指向了皇帝的统治。随着清朝皇帝的统治在1911年被推翻，延续 2000 年的帝制终于走到了尽头。虽然从官方角度讲，中华民国从此诞生了，但实际上这个国家落到了一群军阀手中。直到 1926 年，一个民族主义政党——国民党才在领导人蒋介石的率领下，通过一系列成功的战役击败这些军阀，在形式上统一了全国。

当这些民族主义者需要现金来发放军饷和购买武器时，只有苏联愿意为他们提供帮助。因为苏联的社会主义信仰与这些民族主义者一致，因此他们愿意伸出援手。然而，蒋介石始终强烈反对共产主义，在统一全国后不久，他就针对共产党员实施了清洗，处死了数以万计的共产主义者。

虽然共产主义者在贫富差距极大的城市中成功地重获支持，但是在 1934 年，国民党的军队在多次战役中将他们击败，最终迫使大约 9 万名共产主义者在一场历史性的"长征"中撤退，进行了长达 1 万多公里的转移。在这次长征中，毛泽东成为这些共产主义者无可争议的领袖。共产主义者们沿途历经千辛万苦：爬雪山，过草地，忍饥挨饿，最后在顽强的意志支撑下走过了 2 万 5000 里"长征"，成功摆脱了国民党的追剿。

战乱中的东方
（1931 年 –1945 年）

自世纪之交的中日战争和日俄战争以来，日本人在中国东北地区一直掌握着经济权益。由于日本经济的快速发展以及它在第一次世界大战中与协约国结盟的选择，日本作为公认的主要强国被邀请参加凡尔赛和会。在这次会议上，它从中国获得的领土——其中有许多是从败北的德国人手中抢夺的——得到了承认。

在整个 20 世纪 20 年代，日本一直在中国北方扩展自己的势力，并以越来越露骨的军事行动保卫它在那里占领的土地。其原因首先是来自日本国内的压力，因为当时日本已经无法靠它有限的可耕地养活新增的人口；其次是来自满洲，在这片近在咫尺、守备空虚、人口稀疏的土地上，各种自然资源都对日本有很大的吸引力。日本的军事实力使日本人自信地认为能够对付在这些地区可能遇到的任何反抗。当大萧条的冲击来临时，日本的贸易受到重创，导致它对进口商品的支付能力下降。西方政府为应对萧条采取的各种贸易保护主义政策使日本国内的情况进一步恶化，军方借机加强了自己在政府中的影响力。

1931 年 12 月，日本以民族主义者的威胁增加和当地的反日情绪高涨为借口，

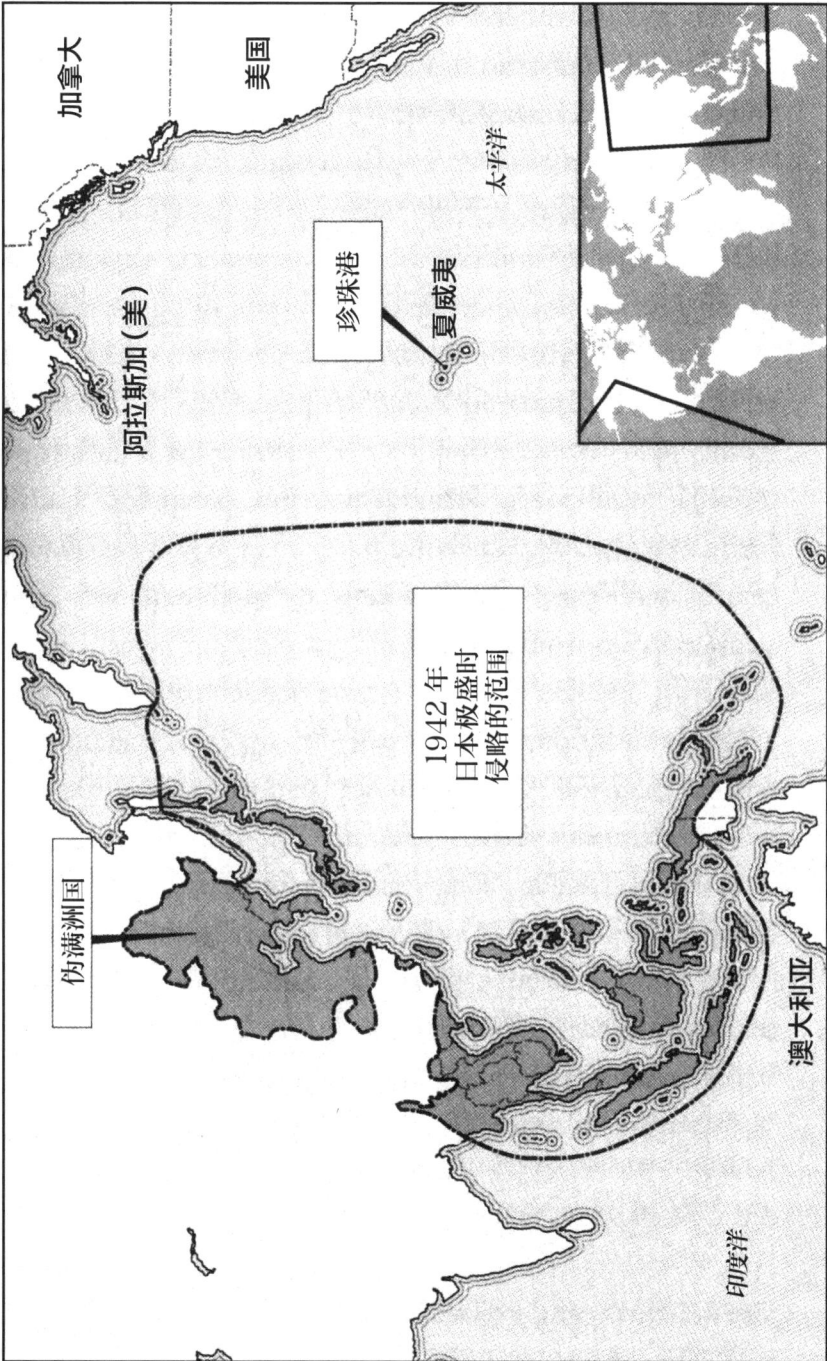

加拿大

美国

阿拉斯加（美）

珍珠港

夏威夷

太平洋

伪满洲国

1942 年
日本极盛时
侵略的范围

澳大利亚

印度洋

〈 日本的侵略 (1931 年 −1945 年）

出兵占领了满洲。他们组建了一个傀儡政府，让原先的中国皇帝担任国家元首，并将该地区按照日本人的口味命名为"满洲国"。当希特勒还只是在口头上表示德国需要东方的生存空间时，日本已经在中国将这种政策付诸实施。因为认定了这个傀儡国家只有做到自给自足才能发展壮大，所以在日本人看来，扩张它的领土并攫取自然资源是理所当然的。除此之外，他们还在满洲投入了巨额资金，当然也不愿损失这些投资。在大萧条之后深陷谷底的西方列强唯一能做的就是通过基本上毫无用处的国际联盟谴责日本。结果日本没有退出满洲，而是退出了国联。

许多中国人都为政府的不抵抗态度感到愤怒和耻辱。蒋介石知道这个国家根本无力对抗强大的外国军队，于是，他定下的政策是首先消灭共产党人，然后再对付日本人。但是他手下的将军最终逼迫他与共产党人达成不稳定的休战协议[①]，然后双方联手抗击日本人。

1937 年 7 月，日本以中日两国士兵发生冲突为借口，发动对中国的全面侵略，由此开始了第二次中日战争以及第二次世界大战在亚洲战场上的战事。日本人在这场空前残酷的战争中轻而易举地击败了敌军，在短短 5 个月内，就占领了中国沿海的半壁江山。在 1937 年 12 月，日本军队开进南京城，犯下在这场战争中最恶劣的一些罪行。他们屠杀了多达 30 万男女老幼，还疯狂地奸淫掳掠，其恐怖程度丝毫不亚于纳粹在数年后最残暴的行径。最重要的是，这一事件证明他们对人权抱着彻底的蔑视态度。

数以百万计的中国人为了逃避日本人的暴行而撤退到内地，与此同时日本宣称要建立政治和经济一体化的大东亚共荣圈（包括日本、伪满洲国、中国和东南亚），而日本是当仁不让的领导者。但日本面临的问题是，它本以为与中国的战争只要 3 个月就能结束，结果日本军队却深陷泥潭，不得不在中国派驻

---

① 休战状态持续到 1941 年，国民党人再次对共产党人开战。

更多部队来维持秩序。日本在中国消耗的资源比从中国掠夺的还多，这使得资源贫乏的日本无法将资源集中到其他地方，被迫依靠西方来满足需求。

第二次世界大战
（1939 年 –1945 年）

在地球另一端的欧洲，阿道夫·希特勒的国社党（又名纳粹党）利用德国人民的苦难以及他们对共产党夺权的普遍恐惧，再加上为所有人提供就业的许诺，在 1930 年赢得了 18% 的普选票。3 年后，他就任德国总理，到了 1934 年，他就掌握了绝对的权力。"千年帝国"由此诞生。在此后的数年中，希特勒以恐怖手段对付他的政敌，消除了对他的权力有威胁的一切势力。他还公然违背《凡尔赛条约》，开始重新武装德国。1936 年到 1939 年间，希特勒又把西班牙内战（这场战争爆发于 1936 年，起因是旧势力①为了反抗共产党和社民党的联合政府而发动的军事政变）当作他的新军队的试验场。

1938 年，希特勒吞并了说德语的奥地利和捷克斯洛伐克的德语地区——苏台德（Sudetenland）。对战争毫无准备的英国和法国就像接受日本对满洲的入侵一样接受了德国的行动，换回的只是希特勒的一堆和平承诺。与此同时，它们向焦虑不安的波兰承诺，将会在德国入侵时保卫这个国家。到了这个时候，希特勒已经制定了他统治世界的一系列计划；他的主要计划是通过进攻波兰和打击法国来恢复德国在第一次世界大战前的边界，然后再回头击败苏联。为了保证这个战略顺利实施，需要在进攻法国时保证德国东部边界的安全，因此他

---

① 代表旧势力的弗朗西斯科·弗郎哥将军（Francisco Franco）成为独裁者并一直统治西班牙，直到他在 1975 年去世为止。

和苏联签订了互不侵犯协定，两国一致同意瓜分波兰并且互不侵犯。

1939 年 9 月 1 日，希特勒入侵波兰。为了遵守保卫波兰的约定，英国对德国宣战，另一些国家也纷纷响应。但是在几个星期之后，苏联就从东方进攻波兰，并吞并了芬兰和波罗的海诸国。

卡廷大屠杀
（1940 年）

在苏联和德国入侵波兰期间，两国都抓获了许多波兰战俘。其中许多人死于饥饿和疾病，还有数以百万计的波兰人死在强制劳动营和灭绝营中。1940 年，21857 名战俘按照斯大林的命令在一系列大屠杀中被处决，这些事件被统称为"卡廷大屠杀"，得名于俄罗斯境内发生屠杀的那片森林的名称。死者主要是军人，但也包括一些大学教授、医生和律师。据说有个名叫瓦西里·布洛欣（Vasiliy Blokhin）的苏联少将亲手枪毙了 7000 人，他用的是一把德国造的手枪。德国人入侵苏联之后，在 1934 年发现了埋葬死者的万人坑，但是苏联人把屠杀的责任推到德国人头上，直到 1990 年才可耻地承认此事。

直到 1940 年 4 月，希特勒才大举进攻欧洲各国。丹麦、挪威、比利时、卢森堡和荷兰在短短几个星期内先后投降，法国也步其后尘。大约 225000 名英国士兵和 11 万法国士兵被迫经敦刻尔克港（Dunkirk）撤离，两个星期后的 6 月 14 日，获胜的希特勒大军就开进了巴黎。此后，法国被一分为二，通敌卖国的维希法国政府统治法国南部和东部，德国则统治北部和西部地区。

在击败法国之后，希特勒计划通过轰炸英国来迫使它屈服，然后派兵入侵。多亏了新任首相温斯顿·丘吉尔（Winston Churchill，他是在德国入侵丹麦之后才就任的）的有力领导和一小群"喷火"式和"飓风"式战斗机飞行员的英勇表现，英国在一场后来被称为"不列颠之战"的空战中取得胜利，使英伦三岛惊险地逃过了沦陷的命运。希特勒不得不取消他入侵英国的计划。

　　由于受到德国胜利的鼓舞，再加上渴望在地中海和巴尔干半岛建立自己的帝国，墨索里尼在 6 月对英国和法国宣战，继而在 9 月和 10 月先后入侵埃及和希腊。意大利还与日本和德国签订了《三国同盟条约》（*Tripartite Act*），事实上达成了重新瓜分世界的军事协定①。但是这些入侵行动以意大利军队的惨败收场，墨索里尼的军队不得不靠德国国防军来挽救。因为埃及和希腊都处于通往油田的要道，对德国具有重要的战略意义，所以希特勒不能听任他们落入同盟国之手。虽然希腊很快就被征服，但是争夺北非的战斗却一直持续到1943年5月。德国在希腊的干涉行动使它进攻苏联的计划推迟了3个月。这个延误将是致命的，因为俄国的严冬将成为延缓德国军队推进步伐的重要因素。

　　在欧洲大部分地区都落入德国控制之后，希特勒在 1941 年 6 月发起了"巴巴罗萨行动"，企图迫使苏联屈服。用他的话来说，德国只需要在门上踢一脚，就能"让这座破房子整个塌下来"。出于这样的自信，他悍然撕毁与苏联的互不侵犯条约，命令德国军队入侵苏联。在这场历史上规模最大的军事行动中，他动用了 300 万军队。

　　虽然斯大林多次得到入侵警告，但他把它们都视作精心安排的假情报。尽管德国军队在苏联边境上集结的迹象非常明显，入侵行动还是完全出乎斯大林的意料。由于受到的精神刺激太大，他足足犹豫了一个星期，才终于听从他的将军们的迫切呼吁，采取了应对。由于他的大部分职业军官和将军都已经在大清洗中被处决，没有人愿意在未经斯大林批准的情况下做出任何决定。因为没有接到明确的开火命令，苏联军队过了几个小时才开始还击。结果在

---

　　① 德国、日本和意大利是轴心国阵营中三个最大的强国，而与之对抗的同盟国阵营中最大的强国最终包括了英国、苏联、美国和中国。

最初的几个星期中，就有数量惊人的苏联军人被俘虏，其中大部分人最后都死于饥饿和疾病。

希特勒的军队进展神速，在开始 5 天就深入敌境 300 多千米，而德国空军更是报称在头两天中就摧毁 2000 架苏联飞机。斯大林无法理解前线局势，又拒绝听从他的指挥官的建议，导致苏联军队在最初的 6 个月中遭受了一系列惨败。

在乌克兰，德国人初期获得的所有好感都被他们在占领区自取灭亡的残暴行径抵消了。他们把犹太人集中起来枪毙，还强奸妇女，烧毁村庄，处决平民。

东方的战争

希特勒的军队在 1941 年 12 月推进到莫斯科郊外，随后就受困于苏军的坚决抵抗和终于到来的俄罗斯的严冬。在德国人的进攻最终被遏止后，全世界都把注意力转到了东方；因为在那里，日本发动了他们所谓的"自卫战争"，袭击了美国在夏威夷珍珠港的海军基地，导致 2200 多名美国人丧生。美国人早就把日本在中国和太平洋的帝国主义行径视作军事威胁，因此在 1941 年 7 月宣布禁止向日本出口石油、废铁和橡胶，还冻结了日本在美国的所有资产。随着国内军方的影响力越来越大，资源贫乏的日本认为美国正在阻碍它实现领导亚洲的天定使命。更重要的是，为了供养饥渴的战争机器，日本感到除了占领石油资源丰富的荷属东印度群岛外别无选择，而妨碍他们实现这一目标的只有美国太平洋舰队和英国的象征性驻军。

珍珠港遭到的袭击使得富兰克林·罗斯福总统（Franklin D. Roosevelt）领导下的美国在第二天就加入了战争，和第一次世界大战时一样，美国为同盟国阵营带来的资源帮助他们扭转了战局。在此之前，虽然美国为同盟国提供过援助，但这个国家一直坚持自第一次世界大战以来的孤立主义政策，置身于战局之外。截至 12 月中旬，日本已经侵入东南亚的大部分地区。日本人从美国人手中占领了菲律宾，从荷兰人手中夺取了印度尼西亚，又从英国人手中抢下了缅甸、新加坡和马来亚，还企图全面征服中国，将整个东亚都统一在日本人的旗帜下。

和德国在欧洲的做法一样，日本在东方也迅速取得一系列胜利——并且表现出同样的残忍。日本人在他们占领的每一片土地上都进行了大屠杀，还实施强制劳役和死亡行军，使数以百万计的人死于非命。日本人的受害者主要是中国人、印度尼西亚人、朝鲜人和菲律宾人，也包括因为投降而被他们轻视的西方战俘。

美国加入战争并在 1942 年夏天的中途岛之战中战胜了日本海军舰队；德国军队则继续在苏联境内长驱直入，甚至威胁到了高加索的石油产地。丘吉尔越来越担心，如果希特勒征服了苏联，整个欧洲都将任他支配，而德国也能腾出手来进攻英国。因此，尽管对苏联人没有丝毫信任，他还是同意援助他们。

直到 1943 年，战局才终于向着有利于同盟国的方向发展。对同盟国来说，最重要的一个事件是德军在苏联城市斯大林格勒（Stalingrad，如今已经改名为伏尔加格勒）发生的有史以来规模最大的陆战中败北；这场战役总共造成 100 多万[1]人死亡，也是希特勒的军队遭遇的第一场大败仗。德国第六集团军在此战中全军陷入重围，由于希特勒拒绝命令他们撤退，德军士兵被大批击毙和俘虏。而经过北非沙漠中的一系列拉锯战后，非洲的战局也发生了逆转，同盟国最终在 1943 年 5 月将德国人和意大利人赶出非洲。

同盟国乘胜追击，在同年夏季经意大利南部发起了对欧洲大陆的反攻，而意大利人很快就推翻了墨索里尼政权，在 1943 年 10 月宣布与同盟国结盟。墨

---

① 德国人在这场战争中约有 75% 的伤亡发生在东线。

索里尼不久就被意大利人逮捕并关押，但是德国党卫军突击队将他救了出去。另一方面，意大利政府仍然坚持更换阵营，在1943年10月对德国宣战。1944年6月，同盟国组织"霸王行动"，经诺曼底海滩对法国北部实施了大规模的三军联合登陆（登陆之日被称为D日）。

虽然轴心国又发动了几次攻势，包括在西线经阿登森林发起的一次失败的进攻，但德国人败局已定。在欧洲，最后几个月的战争就是同盟国和苏联人冲向柏林的竞赛；在苏军推进过程中，发生了特别激烈的战斗，德国平民也遭到了极其残酷的对待。1945年4月30日，在墨索里尼被意大利游击队员抓获并绞死的两天之后，希特勒自杀身亡。一个星期后，德国宣布投降，整个欧洲在第二天庆祝了VE日（欧洲胜利日）。

虽然欧洲的战争已经结束，亚洲的战争却仍在继续。美国人最终在太平洋抢到了战略主动权，通过一个又一个岛屿的争夺战，逼迫日本人节节败退，但双方都在这一过程中蒙受了可怕的损失。而后苏联人以获得领土为条件，也同意加入对日战争。7月，美国人在日本的岛链最南端的岛屿——冲绳登陆。在做好进攻日本本土的准备后，由于预见到美日双方都会遭受重大伤亡，美国要求日本无条件投降，否则就毁灭日本。日本人不出所料地拒绝了这个要求，但是当美国在8月6日和9日分别向广岛和长崎这两座城市投下两颗原子弹后，日本天皇终于在1945年8月14日宣布无条件投降。

战后

第二次世界大战导致约6000万人死亡。有史以来第一次，平民的死亡人数超过了军人死亡数量。苏联遭受的损失超过其他任何国家，共有约2000万人死亡[①]，而波兰的人口损失比例是最高的（约为16%），其中包括了300万波兰犹太人——据估算，在这场战争中总共约有600万犹太人死亡。

虽然法西斯政权的恐怖在很久以后大白于天下并得到普遍承认，日本人的暴行如今也得到了广泛揭露，但纳粹集中营和死亡营的恐怖才是最令世界震惊的。集中营里除了占大多数的犹太人，还有斯拉夫人、吉普赛人、社会主义者、精神病患者和同性恋男女。德国人通过释放毒气和让他们历经疲劳、饥饿及风吹日晒等手段，对他们进行了工业规模的杀戮——这是一个罪恶的政权实施的令人发指的罪行。这些恐怖事件对联合国[②] 1948 年在巴勒斯坦领土上成立犹太国以色列的决定起了很大的推动作用。

日本被同盟国军队占领：这是它有史以来第一次被外国军队占领，而且还被禁止再次拥有军队；它的军火都被销毁，军事工业也被改为民用；日本还失去了它的所有海外领地，包括返还给中国的满洲和由美国和苏联分别占领的朝鲜；日本天皇也险些被处死，最终逃过一劫的原因是美国人相信如果他出面与同盟国占领军合作，会方便他们管理这个国家。但是，他被剥夺了政治权力。另一些军方首脑就没有这么幸运了，他们在受到快速的战争罪行审判后就被处死。并且自二战结束以来，美国在日本一直留有驻军。

阿以冲突

1948 年，犹太国家以色列成立之后，遭到包括叙利亚、埃及、伊拉克和黎巴嫩在内的阿拉伯国家的联合军事进攻，但是以色列成功扭转了战局，将自己分到的领土又扩大了三分之一。在这场冲突中，约有 50 万巴勒斯坦人被驱逐或

---

① 仅在 1941 年 9 月到 1944 年 1 月的列宁格勒 900 天围城战中，就有大约 75 万苏联人死亡。

② 联合国成立于 1945 年 6 月，其宗旨是在第二次世界大战的浩劫之后实现各种争端的和平解决。所有重大决议都由这场战争的主要战胜国——美国、苏联、英国、法国和中国作出。

是在恐慌中逃亡，这一事件后来被称为"纳克巴"（Nakba），它在阿拉伯语中是"浩劫"的意思。事实证明联合国的分治计划彻底失败，反而为中东的多次冲突（包括 1967 年和 1973 年的阿以战争）埋下了祸根。1973 年的战争导致全球石油价格大涨，直接造成了严重的全球性经济衰退。

新的世界秩序

从第二次世界大战结束到 21 世纪来临，主导全球历史的是两个重大而且经常相互关联的主题。第一个是西方自由民主主义与共产主义的意识形态冷战，在这场斗争中，欧洲的世界中心地位被美国和苏联取代。第二个是大国的殖民地争取独立的斗争。

温斯顿·丘吉尔在战争期间曾经违心地与斯大林打交道。早在 1946 年他就警告说一道穿过欧洲的"铁幕"正在升起，并呼吁西方列强遏制这个"自由的敌人"。东欧的大片地区在战时已经被苏联控制，并残酷压制所有反抗势力。苏联国内的恐怖气氛也没有放松，多疑的斯大林正在不断收紧控制，他把被强行遣返的战俘和难民送进劳改营，将苏联犹太人驱逐出境，并继续实施清洗。

孤立主义色彩变淡的美国通过马歇尔计划资助了西欧的大量重建工程，在 6 年里提供了 125 亿美元的援助（相当于如今的 1000 亿美元），从而促成了西欧经济繁荣的局面。对此感到不快的苏联在 1948 年企图封锁柏林，这一举动瞬间就破坏了东西方两大阵营在战争期间建立起来的所有互信。为了应对这种新局面，西方强国在 1949 年建立起一个防御性的军事联盟——北约组织，东方阵营则在 1955 年针锋相对地建立了与之相对的华约组织。为了保护各自的利益，两大阵营随即开始了军备竞赛。

美国和苏联这两个新的全球性大国因为不敢或不愿直接攻击对方，便通过扶植与自己友好的政权来扩大自己的全球影响力。发生在中国、朝鲜和越南等地的军事冲突都是这种支持的直接后果。

荒谬的是，曾经面临彻底毁灭的两个侵略国——日本和德国在战后却成了最终的赢家。由于被禁止将资本用于军备，这两个国家都转而投资工业和重建基础设施，结果它们的经济都实现了腾飞。德国在 20 世纪 50 年代的增长极为强劲，以至于被称为"经济奇迹"，而这个国家也成了欧洲最强大的经济体。

另一方面，战后美国为了在远东扶植盟友来对抗在相邻的中国兴起的共产主义，对日本进行了大量投资，使其受益匪浅。日本一举成为世界第二大经济体，直到 21 世纪才被中国赶超。

中国的革命
（1949 年）

在日本战败后不久，苏联支持的共产党人和美国支持的国民党人就又打起了内战。虽然国民党人在初期取得一些胜利，但共产党人很快就占了上风。蒋介石被迫在 1949 年 1 月下野，带着他的政府和 200 万人撤退到台湾岛。

1949 年 10 月，毛主席在天安门城楼上庄严宣布"中华人民共和国、中央人民政府，今天成立了"！几个月后，中国和苏联就签订了中苏同盟条约。此时世界上有近一半的土地处于共产党人统治下。

去斯大林化与太空竞赛

在苏联，斯大林长期的统治随着他在 1953 年的去世而结束。他当时中了风，而侍从人员因为害怕打扰他或是故意疏于照看，在他昏迷后一连几个小时都不闻不问。

3 年以后，他的继任者尼基塔·赫鲁晓夫（Nikita Khrushchev）先是在私下，继而在大庭广众前揭发了斯大林的残暴统治，谴责了在斯大林领导下发生的罪行，并释放了一批政治犯。他还实施了与西方"和平共处"的政策，其目的是让苏联能够专心发展经济，而不再将大量预算用于国防。虽然这个政策得到了东欧卫星国的热烈欢迎，但是赫鲁晓夫的解冻也就到此为止了。当匈牙利在 1956 年要求实行多党制并退出华约时，苏联军队入侵了这个国家。

在德国，为了解决东德公民逃亡西德的问题，当局在 1961 年建起了柏林墙。在此后的数十年中，约有 5000 名东德人成功逃到西方，至少 170 人在企图逃亡时被枪杀。1968 年，捷克斯洛伐克大胆地宣布允许其公民出国旅行，苏联军队随即便占领了该国。

苏联在 1957 年发射了世界上第一颗人造卫星——"斯普特尼克" 1 号①，此事让美国吃惊不已，因为这意味着苏联可以用同样的技术打击美国境内的目标。两国的太空竞赛由此拉开序幕，苏联在 1961 年率先将宇航员尤里·加加林（Yuri Gagarin）送上太空，而美国则在 8 年后的 1969 年第一个实现登月【尼尔·阿姆斯特朗（Neil Armstrong）和巴兹·奥尔德林（Buzz Aldrin）】。令人称奇的是，此时距离莱特兄弟将第一架飞机送上蓝天只过了 66 年。

在加加林飞上太空后，全球局势日渐紧张，1962 年，由于赫鲁晓夫试图在古巴部署带核弹头的导弹，全世界被推到了核战边缘，这一事件后来被称为"古巴导弹危机"。幸亏约翰·肯尼迪总统（John F. Kennedy）同意从土耳其撤走（过时的）美国导弹，以换取苏联从古巴撤走他们的导弹，危机才得以化解。

在发射"斯普特尼克"之后，赫鲁晓夫夸下海口，声称苏联不出 15 年就能在经济产量上超越美国。中国在苏联身上看到了发展的希望，遂在本国开始效仿推行。

---

① 一个月后，苏联又将一只狗送进了太空。

微处理芯片和数码革命

如果说蒸汽机和电力使我们生活和工作的方式发生了革命性的变化，那么在 20 世纪中叶发明的微处理芯片作为有史以来最重要的创新之一，也应该在历史上占有一席之地。计算器、电脑、互联网和移动电话都是因为微处理芯片才得以存在，而如果没有这些产品，整个世界的生活节奏将会大大减慢。以往需要花几个星期才能完成的交流现在只需要几秒钟，技术已经改变了我们生活和经营业务的方式。至于究竟是我们控制技术还是技术控制我们，那就是另一个问题了。

去殖民化：海外帝国的终结

继第二次世界大战结束以后，另一个重大的全球性运动——去殖民化在世界上许多地区陆续展开。截至战争结束时已经被英国控制了 90 年的英属印度是这一运动的先锋。被誉为"圣雄"的莫罕达斯·甘地（Mohandas Gandhi）是一个曾在英国接受教育的律师，他成为和平抵抗运动的象征性领袖，激励了印度教徒和穆斯林团结起来争取独立和自治。英国曾经在印度投入巨资建设大规模基础设施工程，对它来说印度是英国商品的庞大市场，也是一支庞大的低成本常备军的提供者。起初英国人对印度人的反抗做出了严厉的应对，将甘地和他的许多同伴送进了监狱。但是英国人没有料到，这一做法在日后反而促进了独立运动的成功。

但是甘地在弥合印度的印度教徒和穆斯林之间的分歧方面做得不太成功，这两大群体的冲突日渐频繁。不久以后，所有人都意识到：只有在印度穆斯林得到自己的领土的前提下，独立才会成功。1947 年 8 月，在印度被殖民近 350 年后，两个新的国家诞生了，它们是以印度教徒和锡克教徒为主的印度和以穆斯林为主的巴基斯坦。这本来应该是一个喜庆的时刻，但是在人们移居到自己的新国家时发生了严重的宗教冲突，双方都有数十万人死于暴力。

在亚洲，战后有许多殖民地最初回到了它们先前的统治者手中，直到很久以后才获得独立。法国在拿破仑败北以后经过奋斗建立了一个殖民帝国，在第二次世界大战结束后，它准许柬埔寨和老挝独立，但是为保住其他殖民地作了特别顽强的努力。它曾派出一支军队进入越南，结果于1954年在奠边府被彻底击败，没有接受教训的法国人又和阿尔及利亚的起义者打了一场长达10年的血腥战争，因为最终没能获胜，夏尔·戴高乐（Charles de Gaulle）不得不在1962年不光彩地撤走了法国军队。

在非洲有众多国家被日渐高涨的全球独立运动所激励，奋起要求自治，阿尔及利亚只不过是其中之一。许多国家从西方列强手中争取独立的斗争得到了共产主义阵营的支持，因为后者希望在这一地区获得影响力。在南非，主要由白人组成的政府实施种族隔离制度，拒绝给占人口大多数的黑人任何治理国家的权利。虽然这一制度遭到国际社会的一致谴责，却还是维持到了1991年。不过因国际压力造成的经济封锁和孤立还是发挥了很大作用，配合被监禁的纳尔逊·曼德拉（Nelson Mandela）耐心领导的非暴力不合作运动，最终迫使南非发生巨变。在曼德拉充满激情的领导下，南非成立了新政府，实现了从种族隔离到和平共存的和平过渡，没有发生这类变革通常附带的血腥内战、常年动荡和贫困加剧现象。

西方国家经常会联手保卫它们的战略利益，在埃及发生的事情就是一例。为了阻止埃及总统纳赛尔上校（Colonel Nasser）将苏伊士运河收归国有，法国、英国和以色列军队联手入侵了这个国家，但最终没能得逞。他们在中东地区也曾相互勾结，例如在1953年，在广受民众欢迎的伊朗民选首相穆罕默德·摩萨台（Mohammad Mosaddegh）将英伊石油公司收归国有后，美国人和英国人策划政变，用先前被废黜的沙阿取代了摩萨台，沙阿最终在1979年被推翻。

苏联的崩溃
（1991 年）

苏联的崩溃是不可避免的，因为它在道德上和财政上都已经破产；道德破产是因为它不断镇压其人民，财政破产是因为它在军备竞赛中不是美国的对手。它的缺陷表现为经济停滞、商品短缺和人民普遍对政府不满。

为了复兴经济，苏联总书记、忠诚的共产主义者米哈伊尔·戈尔巴乔夫（Mikhail Gorbachev）在 20 世纪 80 年代中期号召实施面向市场的经济改革和开放，他根本没有料到，不到 6 年这一政策就将导致苏联的解体。虽然经济方面的问题越来越严重，而且没有快速解决的方法，但很大程度上由于人们不用再害怕公开发表意见，戈尔巴乔夫的人气急剧上涨。

东欧共产主义阵营的崩溃是突如其来的，而且在革命过程中并没有流多少血。波兰成立了东欧第一个非共产党政府。在捷克斯洛伐克，瓦茨拉夫·哈维尔（Vaclav Havel）当选为总统。1989 年 10 月，东德领导人埃里希·昂纳克迫于压力辞职，东德开放了其边境。因为不确定边境还能开放多久，一时间有成千上万的东欧人逃到西方。不到 1 个月，遭人痛恨的柏林墙就被推倒，次年两德统一。

1991 年 8 月，苏联政府中对变革不满而且与他们统治的人民完全脱节的强硬派企图发动政变。但是，莫斯科市长鲍里斯·叶利钦（Boris Yeltsin）随即领导了声势浩大的游行示威，群众在俄罗斯议会大厦前建起路障，使政变在几天内就宣告终止。虽然人民尝到的自由果实还很有限，但他们没有恢复旧制度的任何意愿，这是可以理解的。1991 年圣诞节，戈尔巴乔夫宣布辞去苏联总统职位，苏联正式解体，分裂为 15 个独立国家。俄国人输掉了冷战。正如伊恩·莫里斯（Ian Morris）在《西方将主宰世界多久》（*Why the West Rules for Now*）中所述："最后的结局简直太完美了：戈尔巴乔夫用的苏联造钢笔写不出字，他不得不向一个 CNN 摄影记者借了一支。"[1]

对于在共产主义阵营解体后新生的各国而言，生活并不像它们预料的那样称心如意；由于没有为独立做好准备，而且缺乏管理自由市场经济的经验，他们在严峻的经济形势下苦苦挣扎，犯罪率也大幅上升。南斯拉夫几乎立刻就在一场残酷而血腥的内战中分崩离析。另一些地方则出现了激化的领土和民族冲突，恐怖主义变得越来越猖獗。

冷战曾经掩盖了各种一触即发的矛盾，因为"两个超级大国对东西方两大阵营的主导和对第三世界的影响"[2]带来了一定的秩序。在冷战结束以后，许多国家获得了高度先进的武器，甚至包括核武器，后者被认为是没有机会在常规战争中取胜的弱国挑战强国唯一有效的手段。美国也确实以伊拉克开发核武器造成威胁为借口，在 2003 年入侵了这个石油储量丰富的国家。

风水轮流转：欧洲失去主导地位

在第二次世界大战结束后，欧洲"终于以和平方式实现了哈布斯堡王朝、波旁王朝、拿破仑和希特勒都未能通过暴力实现的目标"[3]，但是到了 20 世纪末，西欧在国际事务中的主导地位已经摇摇欲坠。虽然欧洲在 1957 年团结到欧洲经济共同体的旗帜下，在大约 40 年后又采用了共同的货币，但欧洲却越来越难以与世界其他地区强劲的增长相抗衡。中国的增长尤为突出，有人认为它正在夺回在古代曾占据的世界地位。世界权力的重心似乎正在渐渐从西方回到东方。

---

① 出自英国 Profile Books 书局出版的由伊安·莫里斯所著的《西方将主宰多久》（*Why the West Rules for Now*）。
② 出自塞缪尔·亨廷顿的《文明的冲突》（*The Clash of Civilisations*）。
③ 出自英国 Profile Books 书局出版的由伊安·莫里斯所著的《西方将主宰多久》（*Why the West Rules for Now*）。

　　在 20 世纪 90 年代的大部分时间，亚洲各经济体的增长都是平稳上升的。事实上，在这个 10 年中，中国香港地区、新加坡、韩国和中国台湾地区由于经济增长迅速，曾被誉为"亚洲四小龙"。在此之后，中国和亚洲其他国家的增长抢过了他们的风头。

何去何从？

第八章

20世纪，人类登上了世界最高的山峰，"造访"了地球的南北两极，甚至将机器降落在另一颗行星上。从许多方面来讲，我们正生活在有史以来最美好的时代；我们掌握了无穷无尽而且廉价的能源，我们的医学水平达到了史无前例的高度，我们能够在24小时内到达地球上的任何位置，而计算机和通信设备的成本下降帮助我们突破了世界各地形形色色的障碍。理论上，我们应该正处于我们这个物种的巅峰时期。

然而荒谬的是，20世纪也发生了历史上最可怕的战争，而且即使穷尽我们的智慧，也依然未能使世界上绝大多数人口脱离"贫穷陷阱"。虽然有科学、教育和交流方面的种种进步，以非法买卖人口为形式的现代奴隶制度依然在危害着我们的世界，并成为增长最快的犯罪活动之一。根据一份2003年的联合国报告，在当年被强迫从事劳动的人估计有250万，其中120万在童年时代就被非法交易以换取商业利益。[①]我们对物质财富无止境的追求已经导致债务爆炸，为我们的金融系统招来危机。我们与完美政治制度的距离并不比古希腊人更近。

然而，不只不景气的经济和不稳定的石油供应是严重问题，全球繁荣和世界和平还面临另一个更大的威胁——气候变化。虽然后果早已被明确证明，我们还是在污染着我们赖以生存的脆弱的环境，漫不经心地破坏着我们作为一个物种所依赖的环境资源。在对利润贪得无厌的追求中，我们摧毁了氧气和减少二氧化碳所必需的森林——这在很大程度上加剧了全球变暖——而我们对碳氢化合物的依赖症使我们继续污染着我们呼吸的空气和饮用的水源。

先前已经有许多国家因为过度开采它们自身的资源而崩溃。我们现在的行为与前人如出一辙，甚至规模更大，已经遍及全球。我们知道已经积累下了许多问题，但是我们既有一成不变的短视心态，也缺乏作出不受欢迎的决定的政

---

① http://www.unglobalcompact.org

治勇气，因而在这些问题上毫无作为。我们正生活在对真相视而不见的状态中。

　　或许作为一个物种我们具有极强的适应能力，但是全世界的人口现在已经达到 70 亿，而且还在继续增长，对包括水在内的各种资源的竞争很可能会日趋激烈，最终达到临界点。我们若是不能牺牲短期利益做长远打算，采取措施来保护我们宝贵的资源，那么我们最终会为了争夺它们而自相残杀，而未来很可能和过去一样，充满矛盾冲突、战争、饥饿和种族灭绝。

海洋文库

世界舰艇、海战研究名家名著

"谁控制了海洋，谁就控制了世界。"
——古罗马哲学家西塞罗
英、美、日、俄、德、法等国海战史及
舰艇设计、发展史研究前沿

The British Pacific Fleet: The Royal Navy's Most Powerful Strike Force

英国太平洋舰队

○ 在英国皇家海军服役 33 年、舰队空军博物馆馆长笔下真实、细腻的英国太平洋舰队

○ 作者大卫·霍布斯在英国皇家海军服役了 33 年，并担任舰队空军博物馆馆长，后来成为一名海军航空记者和作家。

1944 年 8 月，英国太平洋舰队尚不存在，而 6 个月后，它已强大到能对日本发动空袭。二战结束前，它已成为皇家海军历史上不容忽视的力量，并作为专业化的队伍与美国海军一同作战。一个在反法西斯战争后接近枯竭的国家，竟能够实现这般的壮举，其创造力、外交手腕和坚持精神都发挥了重要作用。本书描述了英国太平洋舰队的诞生、扩张以及对战后世界的影响。

［英］大卫·霍布斯
（David Hobbes）著

The Battlecruiser HMS Hood: An Illustrated Biography, 1916–1941

英国皇家海军战列巡洋舰 "胡德" 号图传：1916—1941

○ 250 幅历史照片，20 幅 3D 结构绘图，另附巨幅双面海报。

○ 详实操作及结构资料，从外到内剖析 "胡德" 全貌。它是舰船历史的丰碑，但既有辉煌，亦有不堪。深度揭示舰上生活和舰员状况，还原真实历史。

这本大开本图册讲述了所有关于 "胡德" 号的故事——从搭建龙骨到被 "俾斯麦" 号摧毁，为读者提供进一步探索和欣赏她的机会，并以数据形式勾勒出船舶外部和内部的形象。推荐给海战爱好者、模型爱好者和历史学研究者。

［智利］布鲁斯·泰勒
（Bruce Taylor）著

A Battle History of the Imperial Japanese Navy, 1941-1945

日本帝国海军战争史：1941—1945 年

○ 一部由真军人——美退役海军军官保罗·达尔写就的太平洋战争史。
○ 资料来源日本官修战史和微缩胶卷档案，更加客观准确地还原战争经过。

本书从 1941 年 12 月日本联合舰队偷袭珍珠港开始，以时间顺序详细记叙了太平洋战争中的历次重大海战，如珊瑚海海战、中途岛海战、瓜岛战役等。本书的写作基于美日双方的一手资料，如日本官修战史《战史丛书》，以及美国海军历史部所收集的日本海军档案缩微胶卷，辅以各参战海军编制表图、海战示意图进行深入解读，既有完整的战事进程脉络和重大战役再现，也反映出各参战海军的胜败兴衰、战术变化，以及不同将领各自的战争思想和指挥艺术。

[美] 保罗·S. 达尔（Paul S. Dull）著

Bismarck: The Final Days of Germany's Greatest Battleship

德国战列舰"俾斯麦"号覆灭记

○ 以新鲜的视角审视二战德国强大战列舰的诞生与毁灭……非常好的读物——《战略学刊》
○ 战列舰"俾斯麦"号的沉没是二战中富有戏剧性的事件之一……这是一份详细的记述——战争博物馆

本书从二战期间德国海军的巡洋作战入手，讲述了德国海军战略，"俾斯麦"号的建造、服役、训练、出征过程，并详细描述了"俾斯麦"号躲避英国海军搜索，在丹麦海峡击沉"胡德"号，多次遭受英国海军追击和袭击，在外海被击沉的经过。

[瑞典] 尼克拉斯·泽特林（Niklas Zetterling）著

Black Shoe Carrier Admiral:Frank Jack Fletcher At Coral Sea, Midway & Guadalcanal

航母舰队司令：弗兰克·杰克·弗莱彻、美国海军与太平洋战争

○ 战争史三十年潜心力作，争议人物弗莱彻的平反书。
○ 还原太平洋战场"珊瑚海"、"中途岛"、"瓜达尔卡纳尔岛"三次大规模海战全过程，梳理太平洋战争前期美国海军领导层的内幕。
○ 作者约翰·B. 伦德斯特罗姆自 1967 年起在密尔沃基公共博物馆担任历史名誉馆长。

本书是美国太平洋战争史研究专家约翰·B. 伦德斯特罗姆经三十年潜心研究后的力作，为读者细致而生动地展现出太平洋战争前期战场的腥风血雨，且以大量翔实的资料和精到的分析为弗莱彻这个在美国饱受争议的历史人物平了反。同时细致梳理了太平洋战争前期美国海军高层的内幕，三次大规模海战的全过程，一些知名将帅的功过得失，以及美国海军在二战中的航母运用。

[美] 约翰·B. 伦德斯特罗姆（John B.Lundstrom）著

Warship Design and Development

英国皇家海军战舰设计发展史（共五卷）

○ 英国皇家海军建造兵团的副总建造师大卫·K. 布朗
　所著，揽括了大量原始资料及矢量设计图。
○ 大卫·K. 布朗是一位杰出的海军舰船建造师，发表
　了大量军舰设计方面的文章，为英国皇家海军舰艇
　的设计、发展倾注了毕生心血。

这套《英国皇家海军战舰设计发展史》有五卷，分
别是《铁甲舰之前：1815—1860 年皇家海军舰船的设计、
推进与装备》《从"勇士"级到"无畏"级：1860—1905
年战舰的发展》《大舰队：1906—1922 年战舰的设计与
发展》《从"纳尔逊"级到"前卫"级：1923—1945 年
战舰的设计与发展》《重建皇家海军：1945 年后的战舰设
计》。该系列从 1815 年的风帆战舰说起，囊括了皇家海
军历史上有代表性的舰船设计，并附有大量数据图表和设
计图纸，是研究舰船发展史不可错过的经典。

[英] 大卫·K. 布朗（David
K.Brown）著

From the Dreadnought to Scapa Flow

英国皇家海军：从无畏舰到斯卡帕湾（共五卷）

○ 现在已没有人如此优雅地书写历史，这非常令人遗
　憾，因为是马德尔在记录人类文明方面的天赋使他
　有能力完成如此宏大的主题。——巴里·高夫
○ 他书写的海军史具有独特的魅力。他具有把握资源
　的能力，又兼以简洁地运用文字的天赋……他已无需
　赞美，也无需苛求。——A. J. P. 泰勒

这套《英国皇家海军：从无畏舰到斯卡帕湾》有五
卷，分别是《通往战争之路，1904—1914》《战争年代，
战争爆发到日德兰海战，1914—1916》《日德兰及其之后，
1916.5—12》《1917，危机的一年》《胜利与胜利之后：
1918—1919》。它们从费希尔及其主导的海军改制入手，
介绍了 1904 年至 1919 年费舍尔时代英国海军建设、改革、
作战的历史，及其相关的政治、经济和国际背景。

[美] 亚瑟·雅各布·马德
尔（Arthur J. Marder）、
[加] 巴里·高夫（Barry
Gough）著

战争事典

热兵器时代

◎ 专注二战及近现代军事热点内容，涵盖陆、海、空三大战场的战史、兵器、人物、技术

◎ 众多历史、军事作家实力加盟，持续吸收国内外军事研究成果

001 1940 年阿登战役、日军战机"战后测试"、法国一战计划

神话与真相：日军战机的"战后测试"

最后的颜面胜利：日本海军"礼号作战"纪实

化身鸵鸟的高卢鸡：1940 年的阿登之战

霞飞、"进攻崇拜"和 17 号方案：一战时期法国的战争计划及准备

最佳应急品：太平洋战争中的美国轻型航母

东南亚空战：初期的越南战争

002 1940 年色当战役、F6F"地狱猫"

王牌制造机的骄傲：二战美军 F6F"地狱猫"王王牌

突破口：1940 年色当之战

"全甲板攻击"的巅峰与涅槃：美国海军"埃塞克斯"级航空母舰

东南亚空战：约翰逊的战争

003 《狂怒》原型、二战美国海军雷达防空、普洛耶什蒂大轰炸

铜墙铁壁：二战美国海军的雷达防空

进击的巨浪：普洛耶什蒂大轰炸

"狂怒"的星条旗：二战中的美军王牌坦克手与坦克指挥官

东南亚空战：高潮岁月

004 狮鹫计划、美国军用流通券、二战意大利伞兵

折翅的"狮鹫"：希特勒的奇想破灭细考

美国军用流通券概览

天降闪电：二战意大利伞兵

从"全甲板攻击"到"大型特混舰队"：二战美国航母战术的升华

"悍妇"出击：美军潜艇在日本海的冒险行动

预告